錯失恐懼

從心理、人際、投資到求職
讓10億人深陷的焦慮陷阱

Fear of Missing Out: Practical Decision-Making in a World of Overwhelming Choice

「FOMO症候群」概念原創者
派屈克・麥金尼斯（PATRICK J. MCGINNIS）——著　羅亞琪——譯

致所有的FOMO人，特別是哈佛商學院的那群。

各界推薦

「及時、實用、有見地……在《錯失恐懼》中，麥金尼斯解決了幸福的最大障礙之一，解讀了我們為什麼會感到FOMO，並記錄了它如何劫持你的個人和職業生活。然後他告訴你如何按照自己的方式生活，而不是讓生活發生在你身上。」

——幸福研究者、《紐約時報》暢銷書《Big Potential and The Happiness Advantage》的作者尚恩．阿克爾

「無論是生活中的瑣碎細節，還是重大的十字路口，決策都會讓人感到壓力重重，耗費精力。在這本及時而必要的書中，派屈克．麥金尼斯向你展示了為什麼不必如此。」

——羅伯特．甘迺迪人權組織主席、《紐約時報》暢銷書作者凱瑞．甘迺迪

「我們生活在一個選擇空前豐富的時代。這使得你每天面臨的成千上萬的決定比以往更加複雜。利用FOMO和FOBO的框架，麥金尼斯給你提供了一套方便使用的工具，讓你做出更聰明、更好的選擇。」

——尼爾．艾歐，《鉤癮效應》和《專注力協定》暢銷書作者

「派屈克．麥金尼斯為我們這個充滿變數的時刻寫了一本正確的書。聰明、謹慎、閱讀起來很愉快，《錯失恐懼》不僅向讀者展示了FOMO的含義和作用，還向讀者展示了我們如何學會擺脫它的魔爪，轉而追求有意義的生活。」

——黛博拉．斯帕爾，哈佛商學院一九五二級MBA工商管理教授

「在《錯失恐懼》一書中，派屈克．麥金尼斯深入探討了FOMO背後的根本原因，告訴我們為什麼會有FOMO，並幫助我們發現自己真正想要的是什麼，這樣我們就可以對自己真正想要的事情說是。因為如果你知道自己想要

的是什麼，那麼，你就不會真的錯過了，是嗎？」

——威爾．科爾博士，著名功能醫學專家，IFMCP，DC，《The Inflammation Spectrum》和《Ketotarian》的作者，Goopfellas podcast的聯合主持人

「派屈克是一個真正的創新者，他在幫助你識別FOBO（害怕更好的選擇）如何（令人震驚地）擾亂你的人際關係、業務和日常任務時，同時也訓練你的反FOBO肌肉。FOMO可能會得到所有備忘錄的關注，但FOBO才是選擇穿什麼襯衫、發展有價值的友誼或擴大你的夢想創業公司的出口的真正敵人。」

——Robinhood的podcast《Snacks Daily》的聯合主持人傑克．克萊默和尼克．馬泰爾

「《錯失恐懼》是一本不可或缺的手冊，對於任何想把每一天都真正過好

自己的生活，而不是把寶貴的時間浪費在猶豫不決上的人來說。派屈克既慷慨又真誠，是這世界上難得的禮物。」

——podcast《別守著你的日常工作》的創造者和主持人凱西・海勒

「無論你是在管理一家財富五〇〇強公司、一家創業企業，還是你的日常生活，如果你要成功，你都需要堅定不移。本書提供了簡單易用而又強大的策略，讓你超越猶豫不決，專注於重要的事情。」

——多莉・克拉克，杜克大學福卡商學院高管教育教師，《Entrepreneurial You》和《Reinventing You》的作者

「在第一次創造了FOMO之後，麥金尼斯發明了FOBO（Fear of a Better Option）來描述一套更具破壞性的行為。現在，他帶著一個清晰的、循序漸進的、強大的方法回來了，幫助人們不再瞻前顧後，而是擁抱他們面前真實的、令人興奮的可能性。」

——傑米．梅茨爾，著名未來學家、《Hacking Darwin》的暢銷書作者

「我花了五次差點死掉的時間，才瞭解到派屈克在這本必讀的書中如此精闢地分享的內容：我們必須找到選擇我們真正想要的東西的力量，以及錯過其他東西的勇氣。派屈克．麥金尼斯出色地提供了如何做到這一點的具體指導（不需要有瀕死的經歷！）。這本書對任何生活在二〇二〇年的人來說，都有一個迫切的資訊。你不必帶著遺憾生活。第一步就是讀這本書。」

——《Chasing My Cure》的作者、賓夕法尼亞大學醫學助理教授大衛．法根鮑姆博士

目錄

前言

人類如何從遠古時期演化成今日的樣貌，是一個備受爭議的研究主題。新的發現不斷推翻現有理論，動輒將我們這個物種的演化時間軸更動數十萬年。這是一個難以精準的科學，結合了古生物學與遺傳學。話雖如此，專家大致上都同意在約兩百萬年前，人類最早的祖先「巧人」（Homo habilis，因擅於使用石器而得名）已遍及非洲大陸。後來，巧人進化成直立人（Homo erectus），直立人又進化成智人（Homo sapiens），從此開始支配整個地球，直到今天。

現在，我要為人類演化史添一筆新的物種。雖然我不是考古學家，但是我能向你保證，我即將要與你分享的跨世紀大發現，不必在衣索比亞的偏遠地區挖掘化石就可得到。紐約的街頭、倫敦的地鐵、北京的辦公大樓、聖保羅的咖啡廳，處處可見這新型人類出沒的大量證據。就跟當初智人取代直立人一樣，現代人類正漸漸演化成新物種：「ＦＯＭＯ人」（FOMO sapiens）。

你可能很納悶，我怎麼能這麼肯定這就是演化的下一個階段。答案是：因為我自己就是ＦＯＭＯ人。

大家好，我是派屈克・麥金尼斯，也是世上已知的第一個ＦＯＭＯ人。我在二〇〇〇年代初期就讀研究所時，首次發現這件事情。然而，雖然我是這奇妙新物種的第一個個體，但絕對不是最後一個。今天，全世界有數億、甚至數十億個ＦＯＭＯ人。巧人的辨識特徵是石器，而ＦＯＭＯ人也有一些有跡可循的正字標記。在ＦＯＭＯ人的自然棲息地，你可以觀察到他們渴望獲得一切能讓人生完美的事物。無論這些事物真的存在，或者只存在於他們的想像之中，他們深信只要能在那一刻擁有或做到這些事物，人生便功德圓滿。ＦＯＭＯ人實在太容易分心了，假如有天敵，肯定是很好掠食的獵物。

如果你從來沒聽過ＦＯＭＯ一詞，請容我解釋一下。當你滑到親朋好友或名人在社交動態上張貼的那些超美（即：精心挑選、使用濾鏡、經過裁切）的照片，是否曾經感到壓力重重？繼續往下滑，你會發現心中有一股越來越強烈的感受，「焦慮」是最貼切的形容詞。在你滑手機的同時，你突然發覺，那些人過的生活全都比你的還要精采、刺激、成功許多，適合放在Instagram上。這種感覺非常普遍，就稱作ＦＯＭＯ，是「錯失恐懼症」（Fear of Missing Out）的縮寫。

跟大部分人所認知的不一樣，ＦＯＭＯ流行的場域不僅侷限於社群網站。

它的影響比這更深遠，不只有塑造出所謂千禧世代或Z世代等數位子民的日常生活。這兩個族群自然具備演化成ＦＯＭＯ人的先天體質，但他們的上一代也很有可能罹患錯失恐懼症。無論是年紀較輕的同事被邀請去參加拉斯維加斯的會議，自己卻得困在辦公室的中年主管，還是老是聽朋友分享含飴弄孫之樂、希望子女可以趕快讓自己也抱抱孫子的六十歲婦女，其實都深受ＦＯＭＯ之苦。社群網站固然凸顯了這個現象，但就算不是手機片刻不離手的人，也會落入ＦＯＭＯ的陷阱。如果你毫無節制地將時間和心力放在那些你「希望」擁有的事物上，而不去感激那些你「已經」擁有卻視為理所當然的事物，就表示你中標了。許多人現在活在一個幾乎每樣東西都存在大量選項（無論這些選項是真實或想像）的世界，導致我們越來越容易做出上述的舉動。

在我繼續往下說之前，我應該先坦白一件事：我之所以知道自己是第一個ＦＯＭＯ人的另一個原因是，我就是一開始發明「ＦＯＭＯ」這個詞的人。二〇〇四年，我在哈佛商學院的學生報紙《The Harbus》寫了一篇文章〈哈佛商學院社會理論：麥金尼斯提出的兩種恐懼症〉（"Social Theory at HBS: McGinnis' Two FOs"），首次介紹了ＦＯＭＯ這個縮略語。十五年後的今天，這個詞變得挺紅的，不僅出現在流行文化的各個領域，還被收進許多極具權威的字典，包括《牛津英語詞典》和韋伯字典。這個詞出名對我的生活造成最顯而易見的影響就是，很多人都想要跟我自拍。當然，他們會把照片上傳到社群網站，讓所有的朋友得到FOMO……如果思考太久，會發現一切都很後設。

撇開自拍不談，我對於自己發明了FOMO一詞感到有些抱歉。FOMO雖然很受歡迎，而且非常適合做為貼文的標籤，但這絕對不只是兒戲或笑話。錯失恐懼症會造成壓力、不安全感、嫉妒心理，甚至憂鬱。此外，它也會讓你在職場上失利，引誘你進行投機投資，迫使包括新創公司創始人和CEO在內的商業領袖選擇錯誤的策略，浪費寶貴資源。簡單來說，FOMO很容易使你的注意力分散，浪費珍貴的時間和精力。

這還不是最糟糕的。我要很遺憾地告知你，FOMO不是你唯一需要擔心的恐懼症。如果你夠仔細，或許會發現我的文章子標題是〈麥金尼斯提出的兩種恐懼症〉。所以，另一種恐懼症怎麼了？錯失恐懼症雖然得到了名譽，另一種恐懼症卻沒有——至少，它是非常近期才開始成名。

更好選擇恐懼症（Fear of a Better Option），簡稱FOBO，指的是因為擔心之後會出現更好的選擇而感到焦慮，應該做決定時不想投入現有的選項。這是一種富有病，讓你不願捨棄任何選項，兩面下注。結果，你活在「或許吧」

的世界，耍了自己，也耍了別人。你不願評估手上的選項、做出選擇，然後繼續過日子，而是不斷延遲不可避免的局面。這就好比按下鬧鈴的貪睡鈕，把棉被蓋在臉上繼續睡的行為。你以前或許曾得到教訓，發現貪睡鈕按太多次，會導致上班遲到，必須趕著出門，一天就這樣毀了，心情也不美麗。按下貪睡鈕在當下雖然感覺很棒，最後卻會要你付出代價。

FOBO是一個很嚴重的問題，比FOMO造成的損失還要大。FOMO大體上是一種內心掙扎，但FOBO的後果不是只由你一人承擔，你身邊的人也會跟著付出代價。把人生看做Tinder，肆無忌憚地滑過各個可能的選項，卻從不認真投入，只會把身邊的一切機會和所有人都變成商品。同時，你也是在跟其他人傳達一個清楚的訊息：你是堅持到最後也不做出行動的人。你不會設定明確的方向或投入某一項行動計畫，而是不斷累積各種可能，只在對你有利的時候、且通常是到了最後一刻才做決定，或甚至完全不做出選擇。這些個人缺點可能對你的職涯造成莫大的傷害，也可能影響到更廣的管理層面，造成分析癱瘓、扼殺創新、使領導者喪失權威，危害各種規模的公司。

我在發現FOMO的同時，也發現FOBO這個現象，這並不是巧合。如果你很容易擔心自己錯過什麼，那麼你也很有可能是不願捨棄任何選項的那種人。促成這兩個概念的共通點是，你擁有很多真實存在或者想像出來的選擇和機會，而這正是現今這個科技時代的副產物。然而，雖然現在大部分的人都有辦法在私生活和職場上辨識出FOMO，FOBO卻仍通行無阻，躲在光天化日之下。

我們現在應好好正視這兩種恐懼症，承認其負面影響有可能毀了你的職涯、壞了你的事業、危及重要的人際關係，並在過程中使你悲慘不已。姑且不論這些可怕的長期效應，這兩種恐懼症也會滲入日常的小細節，嚴重影響你的生產力。接著，它們會使你分心，剝奪任何明確的目的，帶你遠離當下，進入交織著各種假設、計算與交易的世界。它們也會使你信念動搖，消耗你的精力，讓你的表現大打折扣。這兩種恐懼症都會帶來問題，同時出現更會導致災難。當FOMO和FOBO團結起來，你就會得到非常嚴重的FODA——什麼都不敢做恐懼症（Fear of Doing Anything）。

你有沒有聽過「受傷的治療者」？這是心理學家卡爾・榮格創造的人格原型之一，用來解釋有些人成為心理治療師的原因。榮格相信，許多治療師因為自己曾經是病患，便將幫助他人解決同樣的問題視為天職，選擇了心理治療這一行。他們或許也走在復原的路上，只是比病患早了幾步，但這幾步就足以使他們處於幫助他人的位置。我對此感同身受。我喜歡把自己看作世上第一個FOMO學家。我研究過FOMO的成因、本質與結果。更重要的是，跟FOMO和FOBO共同生活十五年後，我終於知道如何控制它們。雖然，掙扎總是不會完全消失。

一個最好的例子，就是我寫下這頁文字當時的情境。那時，我正在墨西哥市一邊休假，一邊寫作。我為什麼要跑到國外工作，離家三千多公里呢？雖然我很想說因為這裡比較容易買到墨西哥餅和龍舌蘭酒，但真正的原因其實是FOMO。我很清楚，面對一件會佔據我全副心神的任務，若待在紐約，必定會受到FOMO所影響而分心。做出這個決定後，我還得在選擇日期、鎖定最佳的Airbnb、尋找最酷的咖啡廳等事情上，想辦法控制層出不窮的FOBO。我在做每一項決定時，都全然地意識到FOMO和FOBO是如何掌控我的行為。接著，我會利用本書列出的對策一一克服這些恐懼。

成功擺脫FOMO和FOBO的（部分）影響，對我來說並不容易。我成年後，就一直住在紐約。這座城市住著數百萬名FOMO人，排好幾個小時品嘗最新開幕的餐廳、參觀最夯的展覽、體驗時尚品牌合作這種千載難逢的機會，對他們來說根本沒什麼。我也曾在創業投資這個常受到FOMO和

ＦＯＢＯ驅動的產業工作過，到世界各地尋找最火紅的新創公司，包括矽谷、巴基斯坦、伊斯坦堡、布宜諾斯艾利斯等。即便我成功找到了目標，到了必須下注的關鍵時刻，我也時常會感到癱軟無力。猶豫不決的症狀發作時，時間、金錢和注意力就會跟著賠進去，有損我的財富與健康。當我發現這些恐懼症耗費了我不少錢財和心靈上的平靜，便決定尋找解決之道。你會在書中看到，這些創業投資經歷幫我發掘許多決策的策略。

如果你正在閱讀此書，我假定你也是想要克服ＦＯＭＯ或ＦＯＢＯ。不管你是做什麼的、處於哪一個人生階段，這些問題的解答都一樣：你必須學會果決。如果能夠學會果決，就能擺脫害怕做決定的心理，理性地思考，並做出行動。這麼一來，你會知道錯失一個機會其實不見得是在限縮自己的選擇。反之，你是在給自己自由。你不會因為搖擺不定，讓生命悄悄溜走，而是懂得向生命索取你真正想要的。你會主動出擊，而非消極接受命運。你會以堅定的意志取代恐懼。

如果你覺得這聽起來很棒，那就開始行動吧。恐懼症的解藥雖然垂手可得，但要果決地生活與工作，不是一夕之間就能達到。猶豫不決是慢慢地潛入你的意識，因此擺脫它也需要時間。依循以下這兩個核心原則，你就能做到：

1. 你會學著選擇自己真正想要的。不要蒐集每一個選項，然後浪費時間和精力評估所有的可能性，而是果斷做出決定：放棄其他路徑，往前走，不要悔恨地回頭看。當你能夠做到這點，就會發現即使在這個充斥大量選擇的世界，只要做出決定，就會直接通往自由。

2. 你會找到勇氣錯過其他的選擇。當你不再試著去做所有的事，反而能夠因為沒有獲得一切，而真正擁有一切。不要去想可能錯過的事情，把其他東西放到一邊去，就能得到深深的輕鬆感。不要沉湎於已經錯過的東西，把注意力重新放回生命中真正重要的事物上。

本書分成四個部分。前兩個部分會說明FOMO和FOBO背後的成因，接著檢視這兩種恐懼症會如何影響你的職涯、事業和生活。第三個部分會在你進入真實世界對抗這些恐懼症之前，幫你做好準備，給你打勝仗所需的工具。最後，第四個部分會改變你對FOMO和FOBO的看法，讓恐懼搖身一變，成為替你帶來好處的東西。除了閱讀此書，你也可以在我的網站patrickmcginnis.com和我主持的廣播節目《FOMO人》中找到更多工具、靈感和資源。

你會發現，克服FOMO和FOBO的方法跟你以往所學過的決策策略不一樣。這是因為，面對這兩種恐懼症時，你並沒有處於二選一的困境之中，而是被賦予太多選擇。能夠遇到這種問題其實很好，雖然你在當下可能並不這麼覺得。如果你能脫離猶豫不決的狀態，就可以從中分一杯羹，因為擁有許多很不錯的選擇而受惠。但要做到這點，你得先接受你不能擁有一切的這個事實。要克服FOMO，你必須確定自己忍不住想一一探索的眾多選項中，是否真有值得你追尋的事物。另一方面，如果你有的是FOBO，那麼你已經擁有太多可行的選項了，挑戰在於只選其中一個，然後不要回頭。

在開始之前，我們可以先想想，懂得控制FOMO和FOBO的同時，這兩種恐懼症是否具備任何好的特質，不至於讓我們全盤捨棄。答案或許令人吃驚：是，好的特質也是有的。如果控制得當，FOMO可以鼓勵你向外拓展、承擔風險或者為生活帶來轉變。假設你每個星期工作八十個小時。當你發現以前的同事現在成了企業家，在Kickstarter上為自己的新事業募得數百萬元，讓你感到一陣陣的FOMO，你可以從這些感受學到什麼？學到很多事情。從這個角度來看，我覺得FOMO就跟喝紅酒一樣，適量飲用具有明顯的保健功效。

此外，你也能稍稍放開一些（就像酒後比較容易吐真言），進而跨出舒適圈。只要不飲酒過度，早上起來就絕對不會不舒服，也能準備迎接下一個挑戰。第十三章會教你如何駕馭FOMO，以達到長久拓展視野、獲取新體驗的目的。

但，FOBO就不一樣了。FOBO就像吸菸，沒有任何好的特質，不會帶來任何好事。首先，它很容易令人上癮。第二，即使當下感覺很好，卻會對身心各方面造成長久的傷害。最糟糕的是，FOBO也會產生如二手菸一般的負面影響，當你只專注在那些自私的需求上，身邊的人也會因此受害。所以，你必須擬定對策，根絕FOBO，堅定果斷地行動。後面的章節會教你怎麼做。

好，時候到了。旅程現在就要開始。你的第一步就涉及到一個決定：你是否願意翻到下一頁，開啟轉變之旅？選擇翻頁，就代表你不聽從FOMO的指令，繼續這趟旅程（跟爆紅影片說掰掰），同時也代表你決定忽視FOBO（不要再到亞馬遜尋找是否有更好的書可以閱讀）。在接下來的兩百頁，你哪兒也不去，專注地把這本書讀完。這就是你翻過這一頁、下一頁和接下來每一頁的方法，直到封底出現在你眼前。這就是所謂的果決。

Part 1

因為選擇過多
而造成的恐懼和躊躇

「最悲慘的一種人，就是性格裡除了猶豫不決，再無其他恆常特質的人。」

——威廉・詹姆斯
（William James）

第一章

錯失恐懼症簡史

「FOMO（錯失恐懼症）是跟珍惜時間敵對的概念。」

——台裔美籍企業家楊安澤（Andrew Yang）

那是二〇〇二年，也是我就讀哈佛商學院的第一年。現在回想起來，我剛到波士頓念書時，還以為自己是個發育不錯的「智人」。畢竟，過去幾年來，我做了很多成熟又重要的決定，是以前念大學時不會需要做的決定。我搬了三次家，在兩間公司工作過，並以創業投資者的身分投資了十家以上的公司。我學會在私生活和職場上做出重大決定，而且過程中幾乎沒有發生任何意外。如果你那時候問我，我會說我還蠻擅長當個大人的。

坦白說，那是個比較單純的年代，沒人聽過性愛訊息或自拍這種東西。開始念商學院時，我完全沒有在用社群網站。大家都一樣。社群網站才剛萌芽，但是很快地，這即將徹底改變：當時的我根本不曉得，祖克柏就在離我宿舍不到兩公里的地方研發臉書第一版。然而，即使沒有臉書、推特和其他那些推動FOMO的社群網站，在我踏進校園的那一刻，有一件事發生了：突然間，在毫無預警的狀況下，我被一股揮之不去的焦慮感吞噬，覺得無論我人身在何處或正在做什麼，似乎總有更好的事情在別的地方發生。這顯然是我的新棲地造就的產物，因為這是我這輩子頭一次沉浸在選擇這麼多的環境，幾乎沒有什麼是不可能的。同一時間，我知道我永遠無法得到所有的選項，就連一小部分也沒辦法。我只要跟那些總是很樂意告訴我他們有多忙碌的同儕一比，就知道自己永遠追不上他們。

請容我解釋一下。哈佛商學院的生活應該就跟住在「社群網站裡面」的生活一樣。每天的生活都是行程滿檔，彷彿LinkedIn、臉書、推特、Snapchat的集合體跑到現實世界來了，雖然在當時，上述這些公司根本就不存在。你就好像活在一個自我膨脹的泡泡裡，所有的新消息、新資訊都以光速傳遞，各種對話與誇耀的言詞（無論是否偽裝成謙虛的形式）就等同社群網站的替身，發揮了跟最新動態、奸巧的Instagram貼文或惡毒的推特文章同樣的功能。這樣的環境讓恐懼感瀰漫，人人都擔心錯過身邊正在發生的事，深怕那件事會比你當下在做的事情還要大、還要好、還要耀眼奪目。雖然那時候這種感覺還沒有一個名稱，但是我們卻無時無刻都在與之搏鬥。

我所受的影響可能比其他同學還要大。現在想想，我真的是世界上第一個FOMO人的最佳候選人。我在緬因州的一個小鎮長大，類似你在史蒂芬・金的小說中會看到的那種場景。如果你從來沒去過緬因州，且讓我告訴你那裡的人都做些什麼。他們會吃龍蝦。他們會到沙灘上散步。他們會鏟雪。他們會逛里昂比恩戶外用品店。這是很適合成長、居住的地方，但選擇性不像大都市這麼多。這裡的生活相對一成不變，讓人非常安心舒適，而我也很習慣從數量合理的選項之中挑選大部分我想要或需要的東西。

然而，在我展開企管碩士的生活之後，一切都變了。我被大量選擇所轟炸，同時也由衷地認為自己絕對不能錯失這千載難逢的機會。當時的我是這樣想的：如果你不怕錯過，那麼你很有可能一直在錯過。為了確保我不會錯過，我努力去做每一件事。我是校園裡無所不在的人物。我唯一不擔心錯過的，就是睡眠。我加入許多社團，接連不斷地參加各種社交活動、招募說明、研討會、週末之旅、演講，當然還有課程。平日，我早上七點以前就起床，直到午夜後才倒頭大睡。週末也是一樣瘋狂。如果你在校園舉辦的任何一個活動會場丟顆石頭，很有可能會丟中我。

因為我總是渴望參與所有的事情，我朋友便開我玩笑，說我大概連打開隨便一封信件都會在場。他們說得沒錯。我顯然一直處在焦慮的情緒中，擔心自己沒有好好利用周遭發生的一切社交、學術或其他活動。我叫朋友去照照鏡子，因為他們也沒比我好到哪裡去。我們忙著不讓自己錯過，結果卻花了許多時間和精力在沒有真正反映出我們優先順序的事物上。做那些事不是為了讓自己變得更快樂或更聰明，而是因為大家都在做。這種行為不需要大腦：當你什麼都點頭接受，是不用思考的。

雖然我和朋友只是在開彼此玩笑，但是那種恐懼是很真實的。這在我和同儕的生活之中十分普遍，使我決定給它取一個名字。我常常創造一些口號和簡稱，因此決定給這個概念、這種恐懼症一個縮寫名稱。我把「錯失恐懼症」簡稱為FOMO，放進我的字典裡，使之成為我朋友圈共用的語彙。就在二〇〇四年五月畢業之前，我在校刊上寫了那篇日後註定成名的文章，介紹我最喜愛的新詞，用一千字左右的篇幅敘述這個充斥著FOMO的校園文化。

這篇文章雖然在校園爆紅，但是我沒有想到這個簡稱會有如此長遠的未來。事實上，我還比較看好當時發明的另一個詞：「McGincident」（譯者註：

可直譯為「麥金尼斯事件」，結合作者的姓氏「McGinnis」和英文「incident」一字），希望每當我家有人做了什麼搞笑、天才或值得紀念的事情時，可以使用這個詞描述。後來，漸漸地，在我完全不知情的狀況下，FOMO越來越茁壯了。在接下來的十年間，FOMO的故事和它企圖支配地球的冒險行動成了「麥金尼斯事件」的最佳範例！

FOMO統治世界的歷程

當時我完全不知道發生了什麼事，但是現在已經能拼湊出FOMO的軌跡，知道它是怎麼從我的朋友和同學之間穩定而緩慢地散布到地球的各個角落。這個詞最先在美國各地的企管碩士之間流行起來，因為這個概念很能引起這些學生的共鳴，迅速進入了大專院校的共通語彙。《商業周刊》（現在的《彭博商業周刊》）二〇〇七年寫了一篇諷刺的報導：

一場流行病席捲了美國的頂尖企管學院。在哈佛商學院，這個疾病被稱作「FOMO」，即錯失恐懼症。症狀包括：越來越難拒絕任何可能成為自己重要人脈的人所參與的任何派對、晚餐或出遊活動之邀約——無論必須付出多少代價。[1]

隔年，晚我兩年畢業的菲利普・德爾維斯・布勞頓（Philip Delves Broughton）在他的《紐約時報》暢銷著作《領先群倫：兩年的哈佛商學院人生》（Ahead of the Curve: Two Years at Harvard Business School）中寫到：

> 行政部門不斷告訴我們，要在哈佛商學院存活，祕訣不是接受FOMO。你必須選擇你真正想要做的事情，做了之後不要擔心其他可能正在進行的活動。我每天都到圖書館看報紙，盡量遠離FOMO的影響。可是，FOMO在校園裡無所不在，在每個人的心靈注入毒藥[2]。

就這樣，FOMO持續在越來越多的校園裡茁壯成長，而每年五月畢業後進入社會的新一批FOMO人，都會進入科技、顧問和金融等產業。當他們來到全國及世界各地的辦公室，FOMO也會跟著出現，捕獲更多專業人士。同一時間，社群網站的增長、行動網路的滲透和數位行銷也都有助FOMO進入大眾文化。

然而，科技的進展固然跟FOMO的普及密不可分，我卻不得不想到金融界最愛掛在嘴上的一句話：兩件事互有關聯並不等於具有因果關係。你在下一章就會看到，早在智慧型手機問世以前，FOMO就已存在，而且即便你只使用最陽春的科技設備，FOMO依舊不會消失。現在，科技把從我們的祖先巧人就存在的人類情感變成了武器。你隨身攜帶的電子儀器在燃燒了千年的火焰裡加油添醋，使其冒出從來不曾有過的熊熊大火。

其實，自從一九一三年《紐約全球》（The New York Globe）首次登載經典漫畫《追上瓊斯一家》（Keeping Up with the Joneses）之後，FOMO就已經存在於美國文化。這部諷刺漫畫刊載了好幾十年，描繪追逐社會地位的主角阿洛伊修斯及其家庭成員為努力跟上鄰居瓊斯一家人而遭遇的各種不幸。如果你去看這部漫畫，就會發現這其實就是非數位時代的FOMO極致表現。最經典的劇情是，阿洛伊修斯的妻子想盡辦法要他穿粉紅襪子、紅色領帶和綠色鞋套，因為亦敵亦友的瓊斯先生就是這麼穿。雖然我自己也時不時會繫一條紅色領帶，但是阿洛伊修斯跟我之間還有一個更為驚人的巧合：他的全名是阿洛伊修斯・P・麥金尼斯。所以，我們兩個顯然有許多共通點。他是第一個得到FOMO的麥金尼斯，但他肯定不是最後一個。

ＦＯＭＯ成為國際名「字」

今天，ＦＯＭＯ已經滲透到社會的每一個族群，不再是小眾問題，而是任何人都可能得到的大眾疾病。基於這樣的地位，《牛津英語詞典》在二〇一三年新增了ＦＯＭＯ這個條目，《韋伯大字典》也在三年後跟進。ＦＯＭＯ大眾化的同時，也變得全球化，出現在世界各地的頭條報導上。顯然，這不是美國才有的現象。在過去幾年來，西班牙的《國家報》出現一個「ＦＯＭＯ世代」專欄[3]，追蹤此現象的興起；《印度時報》也有一篇文章寫到：「ＦＯＭＯ令你抓狂嗎？」[4]法國的《費加洛報》有篇文章的標題是〈ＦＯＭＯ，二十一世紀的新疾病？〉[5]而土耳其的《每日晨報》則警告〈有一個疾病叫作ＦＯＭＯ！你說不定也有得到……〉[6]媽啊。

今天，在Google搜尋這個詞，就會得到上千萬條結果，而推特和Instagram等網站上也有數十萬則標有#FOMO的貼文。此外，世界各地的媒體、廣告、表情符號以及無數的日常對話當中，也都會廣泛使用ＦＯＭＯ一詞。

不必產生#FOMO。現在就免費參加與總統見面的活動。http://t.co/nTpkrVz1oV

下午12:53・二〇一三年六月二十九日

我現在FOMO大爆發！全家人都去了紐約，但是我要錄節目，沒辦法跟。錄完影一定要直奔機場

上午3:49・二〇一六年二月十一日

還要等多久才能搭郵輪呀？#FOMO #BSBCRUISE2016

下午5:33・二〇一五年十月八日

大家都在講Fomo。Fomo到底是啥？我非得知道不可，才能湊熱鬧。拜託幫我。

上午6:05・二〇一二年十一月十三日

#SturgisOrBust! 第78屆的@SturgisRally已經在#BlackHills隆重登場，還沒到場的人，趕快。#FOMO來襲了。#HarleyDavidson #FindYourFreedom

二〇一八年八月五日

就是今天！現在就參加#FierceUp，否則就#FOMO一輩子。@nyledimarco
http://bit.ly/29ZeOKx
二〇一六年七月二十八日

總之，ＦＯＭＯ現在成了國際名「字」，貧民、總統、卡戴珊家族都會使用。以ＦＯＭＯ今日的地位來看，它現在已經佔據全球陰謀的中心位置，可以利用網紅、品牌、甚至你的ＦＯＭＯ人同胞左右你的決定。諷刺的是，卡戴珊家族雖然也是這陰謀的一份子，他們自己卻也受制於ＦＯＭＯ，跟你我沒什麼不同。你在下一章就會看到，除了少數果斷堅定的人之外，幾乎沒有任何人能夠真正逃離它的魔掌。

第二章

得到FOMO不是你的錯

「Fyre音樂節看來會是二〇一七年最容易引起FOMO的活動。」

——Fyre音樂節投資銷售簡報[1]

在二〇一七年四月，Fyre音樂節——一個絕不容錯過的音樂盛事——闖入了所有人的集體意識，結果最後發現問題很大。企業家比利・麥法蘭德（Billy McFarland）和饒舌企業家傑魯（Ja Rule）是音樂節背後的推手，他們要在大毒梟帕布羅・艾斯科巴（Pablo Escobar）位於巴哈馬的私人島嶼上舉辦這場活動。為了把票賣出去，主辦人將所有的籌碼放在時下最受歡迎的四位社群網紅身上。這些網路名人被暱稱為「生火團體」（譯者註：Fyre Starter，用近似字「fire」玩文字遊戲），她們把目標鎖定在千禧世代，因為此族群有將近半數的人坦承自己參加現場活動的原因，是為了能夠在社群網站上分享一些酷炫的內容。[2]這四個人分別是坎達兒・珍娜（Kendall Jenner）、艾蜜莉・瑞特考斯基（Emily Ratajkowski）以及貝拉雙嬌（Bella Thorne and Bella Hadid），在Instagram上的追蹤者加起來總共有一億五千萬人左右。

生火團體觸及到三億人，努力慫恿追蹤者掏出一萬兩千美元買一張票。計畫十分成功。開賣不到四十八小時，便售出百分之九十五的票[3]。然而，Fyre音樂節雖然承諾會給消費者一個永生難忘的週末，最後卻變成一場災難。原來，規劃一場國際音樂節，光靠宏偉的夢想和傑魯的支持是不夠的，基礎建設也必須做到好。第一批賓客抵達了，這場秀也很明顯沒辦法繼續下去，因為安全、食物和住宿都出現了很嚴重的問題。再加上，搖滾樂隊眨眼也退出了。實在應該好好反省一下。

諷刺的是，這場活動原本是靠保皇黨網友才舉辦得了，結果卻被一幫參加者的貼文給毀了。**#FyreFestival**的相關貼文在網路上瘋傳，人們漸漸發現這整件事從一開始就被設計好了，從聲稱要霸占艾斯科巴的私人小島，到美食珍饈與奢華住宿，全都是為了激起FOMO，從中獲利。這一切不僅自私、過分，且更是一場陰謀。麥法蘭德最後被判處六年有期徒刑。

如果Fyre音樂節的瘋狂行徑令你忍不住翻白眼、搖搖頭，告訴你，會有這種反應的不只你一人。大部分的人絕對不會只因貝拉雙嬌在Instagram上寫了一則貼文，就乖乖灑錢。這整起事件好像非常愚蠢可笑。然而，其實你每天都在面對自己的Fyre音樂節，只是規模比較小、荒唐的點難以察覺。你總是不斷受到網路和現實生活的各種刺激所轟炸，像是為了加班而回絕社交活動、吃晚餐時克制拿手機的衝動，或者對於每個人都靠比特幣致富感到納悶，但卻連比特幣是做什麼的都不曉得。這些刺激隨時都在潛入你的意識、綁架你的直覺。不管你有沒有察覺到，FOMO總是無所不在。

基於這層現實，打敗FOMO的第一步就是要學會認出這些攻佔你注意力和意志的小事。要做到這點，首先你必須知道FOMO的運作方式及其意涵。這其實比表面上看起來還要困難。這個詞越受歡迎，字典賦予它的定義就越冗長。為求表達清楚，我想在這裡提供我自己對FOMO所下的定義。後面若使用或討論到這個詞，就以這個定義為依歸。

> FOMO
>
> [fō-()mō]【名詞】，非正式
>
> 1.因認為他人擁有的經歷比你的還要令人滿足而產生的焦慮感；社群網

站經常使前述認知受到嚴重誇大。

2. 因發覺自己會錯過或無法參與某個正向或值得紀念的共同經歷而產生的社交壓力。

認知所扮演的角色

你對某樣東西的固有價值認知，是由各種內外因素所造成，包括家庭、朋友、社群網站名人、過往的經驗以及興趣或熱忱。這些因素使你深信你非得去做或擁有這樣東西，但是它們無法量化，而是受到感覺、偏見、希望和不安全感的影響，所以有程度上的差別（至少部分是如此）。從根本上而言，認知是感性的產物。如果你是以這種方式感覺到FOMO，那麼你最主要的衝動是希望改善當下狀況。你之所以會想要離開沙發，去追逐那個派對、旅程、寶寶或工作，是因為你相信這麼做會使你的人生變得比當下更好。倘若回到根本，FOMO的本質其實是充滿抱負的，旨在追尋比你當下的環境還要大、還要好、還要耀眼奪目的任何東西。它預設你手上是有選擇的，而且還是非常大量的選擇，無論這些選擇是真實存在或存在於你的認知中。

可是，認知有時候也有可能會騙人。仔細想想，其實你沒辦法確定一件事情是否跟它投射出來的期望一樣好。你認為可以或希望得到的東西，跟你最後真的得到的東西之間，會產生落差，這就稱作資訊不對等，也是FOMO的核心。當你想起來，那些試圖說服你去做某件事的外在因素其實有受到資訊不對等的蒙蔽、甚至是扭曲，事情就開始有趣了。如果你本來就知道會得到什麼，就不會花任何時間或燃燒任何卡路里來擔心自己是否會錯過，而是會乾脆地答應或回絕。只要獲得完美的資訊，未知感就無法發揮力量。如果你曾經進行網路交友或置產這類現實永遠比不上預期的活動，就會懂我的意思。認知與現實一比，就會看出巨大的差異。這就是為什麼，社群網紅一定要確保自己推銷的東西看起來很棒，即使實際上根本不怎麼樣。資訊不對等的狀況一解除，計畫便失效了。

歸屬所扮演的角色

本章後面將會提到，人類這種動物與生俱來就會不計一切代價尋求歸屬感，避免遭到排斥。適者生存的嚴苛道理從古至今就體現在這種本能上，但是現在，歸屬感的意義已經轉變，指的是想融入群體、成為「知情者」之一的渴望。基本上，這就跟小時候上體育課挑隊友一樣，大家靠著牆，等著隊長在同儕之間一一挑選隊員，直到剩下最後兩個還沒被選走的不幸之人。如果你不擅長運動（我就是，因為身上多了幾塊肉），那你一定很怕最後被選上（我通常是如此）。那時的我，站在那裡低頭看著自己腳上的Nike球鞋，心中只希望能有歸屬感。如果你曾經有過這樣的遭遇，那你一定明白我所說的。沒有贏得比賽沒關係，甚至也不必得任何一分，但就是不要被拋下。

美國版奔牛節

清楚定義FOMO固然有所幫助，但是討論FOMO時，最好的方法還是描述它在真實世界的實際狀況。雖然相關個案眾多，但我深信有一天，精神病學家和社會學家齊心研究FOMO及其對社會的影響時，肯定會花一些篇幅討論每年節慶購物季開端總會出現的那個現象：每年在十一月第四個星期五的一大早，總有數百萬名美國人會參與「黑色星期五」這個文化現象。

就算你決意當個旁觀者，黑色星期五仍會襲擊你的感恩假期，情況通常會是這樣的：你正在做自己的事，準備迎接充滿家人、食物與足球的一天。慢慢地，你開始聽聞各種特價活動——那些令人不可置信的超值優惠——再過幾個小時就會生效。社群網站顯然是這個現象的要素之一，因為網路上早已開始瘋傳各式各樣千載難逢的大降價消息。然而，協助推動黑色星期五的驅力很多仍與數位文化無關。首先，當地報紙的感恩節特刊會夾滿各種閃亮亮的傳單，承諾消費者只要有勇氣在商店開門時排在隊伍最前方，就能獲得超級折扣；接著，當你打開電視或錄音機，媒體會告訴你，你若真的鍾愛自己生命裡的那些人，就應該大半夜為他們採購禮物；最後，在吃飯後甜點的南瓜派時，姑姑會宣布她要早點就寢，因為她凌晨三點前就必須抵達百貨公司，為孫子搶購最新、最好的遊戲機。這是她每年都會做的事。

特價固然人人都愛，但是黑色星期五也有很多不值得人愛的地方。特惠活動每年都會提早一點點開始，導致在零售業工作的人必須打亂自己的假期，常常感恩節當天也得上工。此外，黑色星期五已經不再是獨立事件了。零售業現在又多出「小企業星期六」和「網路星期一」這兩個噱頭，再加上「捐獻星期二」，感恩節前後的一整個星期就成了狂熱購物週。然而，跟另外一個也是由黑色星期五衍生而來的傳統相比，這些討人厭的事情都不算什麼。每年，大批群眾為了搶奪優惠商品，總會造成許多人因此受傷，甚至死亡，毫無例外。這些促銷活動會被稱作「破門特惠」（doorbuster），不是沒有原因。人性最糟糕的一面在此時表露無遺。有一個網站blackfridaydeathcount.com甚至記錄了因人潮推擠、為了爭停車位而起口角衝突等原因所導致的死傷數量！

冷靜想想，就會發現黑色星期五具備了跟FOMO相同的要素：認知與歸屬。首先，資訊不對等說服你一定要和大家一起共襄盛舉，才有機會「趁庫存還夠」時把握絕佳優惠。你不知道競爭多激烈，也不知道實際庫存有多少，所以開門的時候一定要到現場，以免錯過省錢良機。其次，黑色星期五利用了群眾的力量，把整件事情建築在搶先鄰居的刺激感之上，看看誰能夠先買到最棒的商品，放在聖誕樹下、猶太九枝燭台旁或是你自己的衣櫃裡。零售業者竭盡所能，只為讓你準時赴約。二〇一八年，美國的沃爾瑪百貨公司宣布，各家分店將會舉行「派對」，送出四百萬杯咖啡、兩百萬片餅乾[4]。這種招數好像很容易被拆穿，但最後還是奏效了：現在，每年約有一億七千五百萬名美國人（包括我在內）會在感恩節和網路星期一[5]之間上網或到實體店面購物。

黑色星期五背後的種種驅力加起來，就成了多元面向的陰謀，旨在拆散你與家人、床鋪和信用卡。不只是黑色星期五，每天你其實都會面對各種陰謀，規模有大有小。這些陰謀是由生物、文化和科技構成的強大組合所驅使，目標跟黑色星期五一樣，是要引起FOMO，迫使你做決定時受到外部因素的左右，無法運用直覺與邏輯。因此，一定要記得，FOMO不是你自己選的，而是蘋果、Google、臉書、Snap、手機上的每一個應用程式、各大消費品牌、社群網紅、大腦皮層、列祖列宗、甚至聖經等各種因素一起強加在你身上的。所以，你的錯失恐懼症雖然是你的，但是其實你從來就沒有機會擺脫它。

得到FOMO不是你的錯，原因一：生物學

雖然FOMO這個縮寫出現的時間不長，但其背後的成因卻已存在許久。從神經生物學的角度來看，人類天生就有可能得到FOMO。早從巧人和直立人的時代，這些靠獵捕和採集為生的部落居民就很清楚自己擁有哪些東西，或者沒有擁有、但需要哪些東西才能安然度過每一天。在那個時代，恐懼焦慮是有好處的。如果跟同伴一起遊蕩時，錯失了重要的食物來源、水源或安全的藏匿處，所有人的性命都會陷入危險。此外，這些早期的人類知道生存還有另一項關鍵，那就是他們必須一直待在幫助他們行走在當時那種惡劣環境的群體之

中。若遭群體拋棄，或者沒有得到重要資訊，你就有危險了。你知道，在適者生存的環境中，你必須跟著群體一起行動。你必須有所歸屬。沒有FOMO，人類這個物種可能早就消失了！

當初驅使我們祖先FOMO的那些因素，今天依然存在於我們的基因。密西根大學的研究員最近在《分子精神病學》期刊上發表了一篇文章，精彩地詳細說明大腦是如何發展出一套情緒反應，處裡遭到排斥或拒絕的狀況。整個實驗參考了約會app的概念，請受試者瀏覽大量的線上約會個人檔案，挑出他們有興趣發展親密關係的對象。接著，這群科學家告知受試者對方是否也對他們感興趣，或者他們被拒絕了，同時進行腦部斷層掃描。掃描結果發現，當遇到生理和心理上的傷害（例如挫敗或遭拒）[6]，人腦會啟動同一種自然止痛機制——某種類鴉片化學物質。原來，言語能夠給予的傷害真的跟棍棒一樣大，特別是當你在尋求歸屬感和他人的接受時。

天生就想被群體所接受的，不只是人類，有些動物也擁有類似的本能。每當我看見眾多美國人在黑色星期五集體遷移到百貨公司時，就會想到橫跨塞倫蓋提地區的牛羚大遷徙。每一年，超過一百五十萬頭牛羚會從坦尚尼亞北部跨越千里之遙，來到肯亞，然後再走一模一樣的路回去。這是一趟危機四伏的旅程，約有二十五萬頭牛羚會死在路上。但，牠們別無選擇，因為牠們天生就是如此，必須進行遷徙。

在遷徙的路上，牛羚會緊緊靠在一起，頭尾之間幾乎沒有空隙，整個隊伍綿延不絕。看似永無止盡的遷徙隊伍背後，其實是有重要意義的。這是一個以「群體智能」為基礎的生存策略：集體行動使得敵人一次只能獵捕幾隻成員，即使掠食者成功抓到一隻牛羚，群體中的其他成員仍能繼續勇敢向前。每一隻動物都信任自己的本能，因為這樣牠們才能在跨越曠野的漫漫旅途中生存下來。

你的心裡或許充滿問號：牛羚遷徙跟黑色星期五有什麼關係？關係可大了。仔細想想，就會發現這兩個事件都是群體心理的例子。FOMO源自於人們歸屬在群體之中的原始渴望。這樣一想，就會發現我們跟牛羚其實沒什麼不同。我們也受到尋求歸屬感的本能所驅使，相信那是生存的根本（情感方面）。因此，所有參與「美國版奔牛節」的人，其實都可以把這整件事歸咎於基因。

話雖如此，有一件事要記住：我們並不是牛羚。不去參加Fyre音樂節或隔壁鄰居舉辦的權力遊戲主題週年派對，你並不會被鬣狗攻擊至死。除非你住在塞倫蓋提（牛羚會告訴你，被鬣狗攻擊的機率在統計上具有顯著差異），否則你其實可以不必去。你跟牛羚不一樣，不是非得跟從群體才能生存。

得到FOMO不是你的錯，原因二：文化

導致人類從古至今易受FOMO影響的生物學成因，在我們的文化處處可見。千年以來，藝術、戲劇、電影、宗教和流行文化都有表現出此人生百態的根本。

以聖經的創世紀為例。這則故事設定在時間之初，亞當和夏娃本來只是自顧自地生活、忙著照顧伊甸園，並確保不要吃到知善惡樹的果實，因為上帝明確禁止他們這麼做。一切原本都很美好，畢竟他們可是住在人間樂園。但，後來蛇出現了，慫恿夏娃吃下禁果。他的話術令她難以拒絕：這果實看起來很美味，而且吃了就能跟上帝一樣辨別善惡。屈服於誘惑的她，最後被逐出伊甸園。這就是FOMO給她的下場。

按照聖經的傳統，夏娃是史上第一個為自己的錯誤飲食選擇擔下苦果的人，但她絕不是最後一個。YouTube上瘋傳各種以錯誤的方式吃下辣椒、肉

桂、牛奶等食物的影片，累積了數億點閱數。後來，這些特技在餐廳、自家和公園遊樂場重現，因為世界各地的人們現在時不時就屈服於FOMO，參與這類愚蠢的吃東西挑戰。他們不是受到蛇的誘惑，而是不想錯過加入群體、參與網路爆紅事件的好機會。這些譁眾取寵的舉動不僅浪費食物，還會讓你付出代價，可能因此到醫院報到。俄亥俄州就有五名學童吃了超辣的鬼椒後，出現過敏反應，被送到醫院[7]。加州一名男子更嚴重，因食道破裂而住院二十三天[8]。

錯失恐懼症與網路兩相結合，會使人們做出非常魯莽的行徑。公司企業也是如此。在二〇一七年，百事可樂為了成功吸引千禧世代這個對政治敏感的寶貴族群，拍了一支微電影，稱作「活在當下時刻之歌」（Live for Now Moments Anthem）。在這部電影（呃，其實就是廣告）裡，模特兒坎達兒・珍娜外拍到一半跑去加入剛好經過片場的遊行隊伍。我們並不清楚遊行抗議的是什麼（有個標語上面只寫了「愛」一個字），只看見坎達兒一路與抗議青年擊掌，來到隊伍最前端，接著自信滿滿地大步跨向一排表情嚴肅的鎮暴警察面前。接著，她把一罐百事可樂遞給一位警察，化解雙方的緊張氣氛。警察喝了一口百事可樂，露出笑容，群眾爆出一陣歡呼，大家互相擁抱，發現原來百事可樂或許是世界上所有問題的解藥。

為了讓千禧世代團結起來愛上百事可樂，這家公司最後成功做到另一件更難實現的事：讓所有美國人放下政黨歧見，同意他們的電影（呃，其實就是廣告）完全脫離現實。這支廣告的靈感來自社會運動，但是挪用和平示威的影像來銷售汽水，卻被認為是看輕了意義深遠的社會事件。因為受到強烈反彈，這支廣告不到四十八小時就被撤下。後來，百事可樂更向消費者和珍娜小姐公開道歉。這只是她那個月悲慘際遇的開始：Fyre音樂節數週後緊接著舉行。

無論是咬下禁忌的果實、吃下禁忌的食物，還是喝下禁忌的飲料，上面這些例子都清楚顯示了FOMO已深入我們的文化，即使沒有智慧型手機或社群網站帳號，也會經歷這種恐懼症，並因此付出代價。早在網路和社群網站出現以前，報紙、廣播、電視、飲水機旁的對話或甚至是舅舅的夏威夷遊艇之旅幻燈片秀，全都有辦法引起錯失恐懼症。話雖如此，在過去二十年來，情勢確實起了變化。否則的話，為什麼數千年來，從巧人到辛普森家庭的每一個人都活得好好的，不覺得有必要創造一個詞彙來形容這種恐懼感，偏偏現在卻出現了FOMO一詞？這項轉變當然就是網路的興起，使我們的社會正式進入數位時代。

得到FOMO不是你的錯，原因三：科技

想要了解科技是如何驅使今天的錯失恐懼症，回想二〇〇〇年代初那個社群網站的黑暗時期就知道。沒有社群網站、智慧型手機、私訊以及上述三項科技所造就的網絡普及現象，世界運作的方式跟現在不一樣。在當時，想要進行每一種數位互動，你都得大費周章連上網路。你必須啟動電腦、連上網路線或稀有的Wi-Fi熱點，然後才能開始上網或收發電子郵件。那些每隔幾分鐘就轉移你注意力的通知或即時通訊並不存在。那時候，使用網路跟看電視很像。因為每次連接網路都需要有意識地做決定，你便能夠控制網路，而不是受到網路控制。

快轉到今天。你最後一次能夠專心，是什麼時候？很有可能是你獲得第一支智慧型手機的前一天。從那天起，只要你稍微有一點空閒時刻，像是排隊或買菜的時候，大概就會掏出手機，開啟應用程式、寫一封信件、逛逛社群網站、打一場遊戲或傳送一連串的訊息。你不會花幾分鐘的時間做白日夢或允許自己放空，讓思緒遠離一切，自由飛翔。現在，美國人一天花超過十小時盯著螢幕，其中有很大一部分是在行動裝置上[9]。今天，網路是老大，能夠控制你。

是什麼改變了？有三股強大的力量從根本上重新塑造了我們跟科技及彼此之間的關係，改變我們接收資訊的方式，推動那些讓FOMO長久存在於人類心理的原始本能。第一，我們生活在一個資訊極為容易取得的時代；第二，社群網站興起，使人與人之間的互聯程度變得極高，轉變我們的生活；第三，資訊和互聯讓我們很容易跟他人比較，不管對方是隔壁鄰居或者相隔半個地球的人。在社群媒體這個高度受到美化的世界，上述力量所造成的「參照焦慮」特別致命。

1. 資訊極為容易取得

梭羅曾經寫下一句名言：「多數人都活在沉默的絕望之中。」如果他今天還活在世上，可能會在推特上發表下面這段備感擔憂的觀察：

亨利・大衛・梭羅
多數人都活在太多資訊的狀態之中。
#所以我才前往瓦爾登湖
二〇二〇年五月五日

我們的世界向來是十分複雜又難以預測的，但在不久前，大部分的人都很幸運，不知道鄰近地區以外的地方發生了什麼事。過去，一般人會從三個來源定時獲得少量資訊：電視新聞、印刷媒體和口耳相傳。現在回頭看，那時候還真是古色古香。今天，網路不斷放送直播新聞，直接將內容送到你手中的那個裝置。你可以追蹤任何感興趣的消息，無論多麼冷門的故事，也不管你住在哪裡，都能得到細節滿滿的報導。你還能夠參與其中，留下回應，酸你的數位網友同胞，並在過程中變成報導的一部分。

數位與行動通訊大眾化，急遽改造了接收、處理、傳播資訊的方式，而這些科技帶來的影響也來得很快。在二〇〇八年到二〇一七年這十年間，美國人每日花在數位媒體上的時間從二・七個小時增加到五・九個小時，而花在行動媒體上的時間更是成長了八倍以上，從原本的不到二十分鐘，激增到超過三小時[10]！結果是，資訊的取得民主化了，從基層開始往上傳遞。數據量之龐大固然令人振奮，卻也時常令人疲憊不堪，無法逃離。最重要的是，這會使人上癮。皮尤研究中心（Pew Research Center）發現，百分之七十七的美國人天天上網，且有百分之二十六的人幾乎不曾離線[11]。在這個「一直在線上」的社會，我們變得非常依賴網路，透過它取得娛樂、生產力、機會和資訊，幾乎無法想像沒有網路的生活。亞勝公司近期所做的一項調查顯示，大部分的美國人都認為，自己離開手機超過一天就會活不了[12]。這也是他們認為自己在沒水沒食物的情況下能夠存活的最長時間。

2. 互聯程度極高

雖然我們被龐大的資訊所淹沒，極端的互聯程度及過度的動態分享也是轉變我們的生活的原因之一。社群網站的魅力一開始就難以抵擋，因為人人都有機會成為自己數位生活的主角。最初，社群網站只能更新近況，偶爾「戳」一下他人，但是很快就演變成使用者分享照片、影片、意見或任何能夠引起別人按讚的公共廣場。可以自導自演一齣戲，馬上就得到回饋，怎麼還會想看電視？

調查發現，百分之五十六的人擔心自己如果離開社群網站，就會錯失活動、新聞或重要的近況更新[13]。這個數字真的不容小覷，畢竟社群網站的使用者總數超過了二十六億，且在二〇二一年以前將突破三十億，等同於地球人口的百分之四十左右[14]。這就表示，很快就有超過十五億的人會受到FOMO所苦。

這驚人的滲透程度意味著，無論你是在加州或是在巴布亞紐幾內亞，每天大概都會花超過兩小時掛在社群網站上[15]。大部分的人吃飯、開車或運動的時間，都比這還要少；只有睡覺、工作或看電視這三樣活動所佔據的時間比上網多。真的很驚人。在短短二十年不到的時間，我們就將生活的一大部分割讓給一件全新的事物，失去了許多好好生活、跟全世界和身旁的人互動交流的時間。

3. 參照焦慮

想像一下，假如人類學家唯一能夠使用的研究工具是Instagram，他們會對現代社會下什麼樣的註解？根據我在社群動態上所看見的內容，我猜他們一定會很驚訝這個世界充滿了喝抹茶拿鐵的布魯克林文青、總是面帶微笑的超可愛小孩，以及慵懶地躺在泳池邊幫自己的雙腳拍沙龍照的人。然後，他們或許會開始覺得無法再研究下去了，因為他們自己的生活根本沒法比。

你在線上收集到的所有社群網站數據點都會帶來一個缺點：你幾乎不可能忍著不去檢視他人的生活，接著比較自己的成就，無論你是否認識那個人。人們一向喜歡拿自己跟朋友或鄰居做比較。這是因為，人類天生愛競爭，又容易沒有安全感。《追上瓊斯一家》的競爭範圍僅限於主角居住的地區，但是社群網站卻讓我們輕輕鬆鬆窺見別人的生活，無論遠近。你可以評估他們的（網路）人生，再比較自己的生活品質。當然，你完全不曉得這些經過剪裁的影像和貼文是否合乎現實。基於資訊不對等，你永遠無法得知那完美濾鏡的背後究竟藏著什麼。

誰不曾封鎖好友中那幾個招搖的人生勝利組？每天聽聞他人的成功事蹟、滑到他們的謙虛式誇耀，是會令人感到疲憊的，即使你喜歡、尊敬那些人。然而，不管你封鎖了多少人，又有多清楚從你的好朋友到席琳娜・戈梅茲的每個人其實都只是在塑造自己的數位形象，還是很難避免會拿這些難以超越的成就來比較，無論這些成就是真實或是虛構的。要追上瓊斯一家，是非常累人的一件事，問問阿洛伊修斯・麥金尼斯就知道。

同時，最諷刺的是，今天我們想要追上他人或尋找、擁有更多特殊經歷，其實比以往還要容易許多。機票的價格在過去三十年來降了百分之五十，因此想要捕捉完美的夕陽景致，既實惠又容易[16]。此外，自由業、零工經濟、科技促成的遠距工作等，也讓我們的生活型態變得更有彈性，史無前例。就算上面說的這些都沒有效，你也可以輕輕鬆鬆使用濾鏡美化那份酪梨吐司，再給自己加一層數位妝容，讓全世界、甚至你自己相信，你剛剛上傳了一張有史以來最讚的酪梨吐司自拍照。

這麼做的同時，你也展開了一場註定會輸的競賽。打這種利用數位花招和資訊不對等取勝的仗，你永遠贏不了。沒有人能獲勝。就算你真的「贏」了，你的勝利也只是表面的。當你開始以獲得的讚數來衡量自身價值，你很快就會失望。尋求外在認同存在著一個問題，那就是那種感覺不會持續很久的時間。被接受的欣喜感很快就會消退，讓你想趕快再去尋找下一波認同感，就像成癮者必須不斷尋找下一波快感一樣。

如果你覺得這聽起來很誇張，那你應該明白一件事：FOMO不是兒戲，FOMO對你和這個社會可能造成嚴重影響，所以你一定要保持警覺。現在，你摸清了FOMO背後的陰謀，應該會發現它的足跡處處可見。你會開始注意到，這些外在因素會使你做出感性的決定，而非理性的決定，讓你再也無法相信自己的直覺。要對抗每天來自四面八方不斷抨擊理智的外來因子，這個覺察的步驟是第一步。這些入侵者有些看似無害，但是它們團結起來卻能施加極大的傷害。在下一章你就會看到，把你變成FOMO人的因子表面上看起來純真無邪，卻能以極快的速度累積你所必須付出的代價。

第三章
不只是流行語

「你認為嫉妒是他們的唯一樂趣。」

——美國作家埃麗卡・容

過去幾年以來，梅西百貨、Dunkin'甜甜圈、Spotify等各式各樣的品牌公司，都曾在行銷手冊上使用過FOMO或類似的詞彙。然而，我最喜歡的行銷手法大概是麥當勞的FOMM，警告消費者要當心「錯失肋排堡恐懼症」（Fear of Missing Out on McRib）。放心，我們才不會有這個問題。與此同時，各種適合拍照上傳Instagram的「裝置藝術」和「博物館」如雨後春筍般湧現，冠上「冰淇淋博物館」、「顏色工廠」、「自拍博物館」等名號。我最喜歡的，莫過於在二〇一八年於德州奧斯丁開張的「FOMO工廠」。訪客只要花二十八美元，就能擁有「沉浸式自拍體驗」、造訪只販售思樂寶飲品（展覽贊助商之一）的吧檯，並拍攝夠多的照片，讓你的社群動態在可預見的未來中，都不必擔心沒有照片可張貼[1]。

ＦＯＭＯ具有很大的爆紅潛力，因此成為社群網站名人、脫口秀主持人和貼文標籤行銷最愛用的詞。基於這個原因，人們通常認為ＦＯＭＯ不是什麼嚴重的事，甚至還很好玩，大多跟自拍或害怕錯過派對、假期、肋排堡有關。在專門收錄俚語的Urban Dictionary裡（ＦＯＭＯ被收進牛津和韋伯字典的前幾年，曾在這個線上字典引起軒然大波），ＦＯＭＯ的第一個定義也支持這樣的認知：

> 「錯失恐懼症」
>
> 認為錯過一場派對或活動就等於錯過一件很棒的事的恐懼症。例句：約翰雖然很累，但是ＦＯＭＯ佔了上風，使他還是去了派對。**#恐懼#錯失#派對#夜生活**[2]

網路上曾瘋傳無數流行語或現象，都是來了又去。然而，ＦＯＭＯ持續了很久卻仍未退燒。現在，這個詞已被廣為接受，尤其是在千禧世代之間。《紐約》雜誌的「The Cut」專區完美點出了FOMO在流行文化中屹立不搖的原因：「……總的來說，像『FOMO』這樣的詞最終是利大於弊，因為它們幫助我們表達了某種我們根本不知道自己有感覺到的事物。」[3]因此，FOMO絕對不只是瘋傳一時的流行語而已。FOMO是會對社會很大一部分產生影響的一種現象，使人們的生活變得複雜又不快活。當你終於發現，不是只有你一個人在掙扎，甚至還有一個詞能夠形容你的感受，你就會覺得它說中了你的心聲。

這種感受不容輕忽。《今日心理學》報導，擁有FOMO的人心情大抵上較他人低落、自尊心下降，並會感到孤單、自卑，特別是當他們認為自己比同儕或社交圈內的其他人還要失敗的時候。[4]此外，FOMO也跟學業表現達不到標準、難以建立面對面關係、動力不足等有關。[5]基於這些潛在後果，全世界的心理學家都對FOMO很感興趣，迫使他們進行實地調查，以更清楚地了解其成因和結果。

已有研究者進行過以數據為基礎的分析，顯示了FOMO會直接影響你看待自己和過生活的方式。例如，有一個二〇一八年以大學生為對象的研究顯示，擁有FOMO的人會「容易疲勞、壓力大、出現睡眠問題和生理症狀。」[6]這些發現刊登在《動機與情感》（Motivation and Emotion）期刊上，也有描述FOMO是如何根據個人的行程和日常活動產生變化。例如，FOMO會在一天和一週稍晚的時間升高，進行工作或讀書等很有必要但不見得有趣的日常事務時，也會達到顛峰。不意外地，星期五晚上待在圖書館的時候，會比星期二下午跟朋友一起吃午餐的時候，還更有可能感覺到FOMO。同樣的研究也指出，研究對象無論是從網路上或是在現實世界中（例如透過口耳相傳）得知一個活動，他所經歷的FOMO是一模一樣的。

雖然社群網站不是「原因」，只是「可能」引起FOMO，但是這的確使FOMO更容易被激發。這是因為，社群網站讓你很容易就能找到替代選項。比起在校園各處打聽，瀏覽社群網站更容易、也更有可能讓你發掘生活周遭那些會引起FOMO的事物。因為社群網站能有效引起FOMO，人們便將壓力、嫉妒心和憂鬱全都推給這些網站，也認為時下年輕人喜歡張貼不恰當或自我炫耀的內容，進而承擔不必要的風險，同樣是社群網站造成的。此外，社群網站也有可能介入現實生活，傷害到「離線」的關係。[7]

越來越多科學研究證實，不管你是從手機或是在現實生活中從朋友那裡得到FOMO，你的生活和生計都有可能受到真實且長久的傷害。當你的每一個決策都受到同儕、周遭環境或網路的影響，就表示你讓出了自己的控制權，無法再為自己的人生做主。有關FOMO的學術文獻雖然持續在增加，但這個概念仍然很新，想知道它對一個人的身心健康會造成什麼樣的長期影響，我們還有很多要學習、了解的。〈錯失恐懼症：FOMO的普及、動態及後果〉（"Fear of Missing Out: Prevalence, Dynamics, and Consequences of Experiencing FOMO"）的作者做出以下的結論：「總體而言，我們認為社會心理學這個領域一直錯過FOMO。我們鼓勵更多研究者一起來了解這個現象。」[8]

是誰說社會心理學家缺乏幽默感？

一切都從FOMO世代開始，但不會在那個世代結束

從出生到死亡，FOMO都是人類心理學的一部分。如果你曾試圖哄一個不想睡覺的小孩乖乖入睡，或曾試著結束與祖父母的通話（他們總有好多問題要問！），你一定知道我的意思。然而，現在焦點大部分都放在千禧世代上。全球廣告公司智威湯遜（J. Walter Thompson）在二〇一一年進行了一項重要的

FOMO研究，發現千禧世代有百分之七十二的成年人可以理解這個概念，且有百分之四十一有時或常常經歷FOMO。[9]雖然進行這項研究時，FOMO這個現象大概比現在少得多（Instagram、Snapshot、Tinder等app都還沒出現呢！），但還是能清楚看出研究結果意味著什麼。我把這個族群稱作FOMO世代，他們代表了第一批真正的數位人。

大部分的千禧世代人口從未活在網路出現之前的世界，一輩子都沒有經歷過離線的生活。每一個深入集體意識的數位產品一問世，他們都最先接納，像是Yik Yak、Tumblr、Vine、TikTok等永遠讓上一輩摸不著頭緒的網站或app。舉凡尷尬的少年時期、無憂無慮的大學時期，抑或是人生中其他所有的層面，都是在網路世界度過。如何形塑自己的數位人格才能獲得最多讚數，幾乎已是他們的本能；為了塑造完美形象，他們從不嫌麻煩。大家的注意力雖然都放在千禧世代（感嘆千禧世代又再次奪走所有目光的那些糟老頭，我說的就是你們），但是會這麼做的顯然不只有這些人。智威湯遜所做的研究發現，超過半數的X世代人口和三分之一在嬰兒潮時期出生的人也都對FOMO感同身受。

只要記得FOMO其實跟決策有關，就會發現一切並不難理解。信不信由你，人自幼就開始出現焦慮感。年幼的你漸漸認識周遭環境，開始察覺這個世界帶給你的所有可能，但是同時也會意識到加諸在你身上的種種限制，以及你缺乏主控權的這個事實。你不能決定上床睡覺的時間，不能挑選自己想吃的東西，不能制訂任何規矩，整個童年和青少年時期都是在這種壓抑的狀態下度過。接著，甫成年的你開始嘗到自由的滋味，但是仍有界線必須遵守（除非你是個完全不管規矩的特立獨行分子）。終於，你搬出了父母的家（或繼續跟父母同住），開始過著自己選擇的人生。

獨立的感覺令人上癮，但同時也使人難以招架，因為你會開始拿自己跟遇見的每一個人比較。別人的背景經歷和你不

FOMO人生

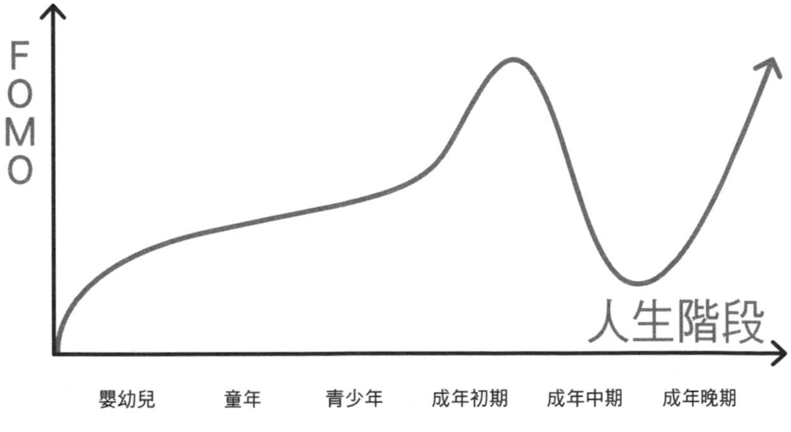

一樣，跟你的人生一比，感覺就是比較有趣。可以做的事情那麼多，時間卻很少。你嘗試做到每一件事，卻總是失敗。「人生只有一次」的這種思維一直到大學畢業後仍持續不斷，因為出社會以後的人生很多方面都跟大學生活很像。你的身邊仍有許多同儕與同輩之人，讓你很容易就開始比較，而且也會收到許多好玩或刺激的活動邀約。你在這種時候最容易停止關照自己的需求，開始根據周遭環境引起的外部因素來做決定。

FOMO會在成年初期到中期之間達到顛峰，接著約在成年中期到晚期消退，因為這時候的你無論是在工作或家庭方面，都比從前還要忙碌、疲累，沒有時間可以思考自己錯過了什麼。在這個階段，熬夜一整晚會在隔天造成嚴重後果。此外，引起FOMO的資訊不對等現象也不如從前那般強大。你的人生歷練十分豐富，因此當新的機會出現時，你早就能夠預期會錯過什麼。在這種狀況下，選擇最適合你的、錯過其他的，然後繼續前進，也因此變得容易許多。掙扎結束了，你終於能鬆一口氣。但是事情真是如此嗎？

你以為自己終於克服FOMO，但它卻有可能在人生晚期強勢回歸。首先，你可能出現中年危機。埋首苦幹許多年後，你終於抬起頭來，突然發現剩下的歲月比經歷的歲月還要少。購買緊身牛仔褲或俗氣跑車的那股典型衝勁，就是證據。再來，退休後，空閒時間增加了。你也清楚感受到自己的生命有限，再也沒有一輩子的時間可以去做所有那些想做的事。從這一刻開始，選擇只會不斷減少。想要來一趟永生難忘的印度之旅，或者帶孫子去迪士尼樂園，最好趁現在身體還健壯時馬上去做。雖然想那些不好玩，但你很清楚地知道，到了某個時候，你將再度依循他人訂下的規矩，就跟兒時一樣。你長大成人的孩子或某位照護者將接管一切事物安排，你不會再有控制權。所以，現在再不去做就來不及了！

你是不是ＦＯＭＯ人？

你現在已經知道ＦＯＭＯ產生的機制，也知道除非住在偏遠的洞穴裡，否則你幾乎不可能避開網路和現實世界中那些引發ＦＯＭＯ的因子。唯一的選擇，就是學會如何控制它。要學習控制ＦＯＭＯ，首先你得承認它確實改變了你的行為、左右了你的決策。在二〇一三年，有一群心理學家在學術期刊《電腦與人類行為》（Computers in Human Behavior）發表了一項診斷測驗，可以幫助你確立自己是否有ＦＯＭＯ。學術界經常引述這份問卷，就連在網路文化中也可看見它的蹤影。問卷在網路上被大量轉傳，而諷刺的是，我懷疑它的普及也跟FOMO有關。如果你發現朋友做了這項測驗，你也不會想錯過做這項測驗的機會。

回答以下這些問題時，你可能會發現一件有趣的事：只有一個問題明確提到網路。這些問題力求能夠描述普遍性的行為，但是在數位時代，我們很容易就會屈服於這些潛在的焦慮感。你只是拿起手機，就會不自覺地開啟通往焦慮的那扇門。

自評問卷

請針對以下十個問題給予1到5分，1分表示完全不同意，5分表示非常同意。

1. 我擔心別人比我擁有更多很棒的經歷。
2. 我擔心朋友比我擁有更多很棒的經歷。
3. 當我發現朋友在做好玩的事情，卻沒有找我，我會擔心。
4. 當我不知道朋友都在做些什麼，我會感到焦慮。

5. 聽懂朋友的笑話對我來說很重要。
6. 有時，我覺得自己似乎花了太多時間試圖跟上周遭發生的事物。
7. 錯過與朋友見面的機會，我會感到困擾。
8. 當我擁有美好時光，我一定要分享到網路上（如更新近況）。
9. 錯過一場事先計畫好的聚會，我會感到困擾。
10. 就連在度假時，我也會持續追蹤朋友在做些什麼。[10]

接下來，算出十個分數的平均值。

好，現在你知道分數了，但是這些分數代表什麼意義？在下任何結論以前，別忘了把眼光放遠一點。即使你所有的問題都給5分，這也只是一個指標，不是有執照的心理治療師替你做的正式評斷。把這個分數當作定論，倒不如想成是在試試水溫。這一點交代清楚了，我們現在就可以來解讀分數。在這個研究中，作者的研究樣本是兩千位年齡介於二十二到六十五歲的受試者。他們發現，這些人的平均分數約為2。[11]所以，如果你的分數不到3，就跟普通人無異。分數大於3的人，才屬於FOMO人。如果是這樣，也不需要擔心。本書會在最後兩個部分教你如何改變現狀。

知道自己能夠控制決策過程，進而消滅FOMO，是很鼓舞人心的。然而，光是治好FOMO並不見得能夠解決問題，因為這世上還有另一種恐懼症。另一種恐懼症FOBO（更好選擇恐懼症）同樣會每天影響你在私生活或職場上的決定，或甚至讓你做不了決定。然而，FOBO跟FOMO不一樣，目前為止都還位居幕後，靜靜等待對的時機現身。這讓我很驚訝，因為我一直都認為FOBO跟FOMO一樣適用於現今社會，甚至更勝於FOMO。我也發現，這兩種恐懼症是一體兩面的，擁有許多共同的根源，必須一起對付。在下一章你就會看到，FOMO雖然強大，但你也要認識另一種恐懼症才行。

第四章
FOBO——另一個必須認識的恐懼症

「『完美』是『美好』的敵人。」

——義大利俗諺

我在你是否曾花上大量時間，不知道該在兩個都很完美的選項中選擇哪一個？還是，你曾經決定要抓住某個社交或職涯的機會，卻在最後一刻打退堂鼓？或者，你曾透過私訊邀請某人參加一場活動，卻發現對方明明在打字回應，結果又停下來、刪掉原本打好的內容，然後人間蒸發？你很確定他本來要回應你，因為你有看到那三個代表他在思考的點點，但是最後……卻是一片沉寂。如果你有上述這些經歷，那你已經跟FOBO打過照面了。

錯失恐懼症驅使你試著去做所有的事情，而更好選擇恐懼症則恰恰相反——它會造成癱瘓。如果你出現FOBO的傾向，就表示面對抉擇時你一定要選到「最好」的選項。當你持續尋找那完美的替代方案時，你同時也不會去鎖定任何一個選項。因此，要你從面前的選項中選定一個，幾乎是不可能的，你也不想要。結果就是，你活在一個模稜兩可的世界，不存在明確的肯定或否定。這樣的人生並不好過。你耗費了寶貴的時間和精力，仔細檢視所有可能的選擇，最後只是不斷拖延，超過了早該下決定、往前走的時機。一直拖延做決定的時間，在當下感覺或許很好，甚至讓人覺得舒適，但是代價卻累積得很快。FOBO浪費時間、令人疲憊，而且毫無效率。如果放任不管，這種行為可能對你的職涯、乃至於你的生活造成無可彌補的傷害。

此外，他人的生活也會受到影響。如果你有FOBO，你會對身邊的所有人造成負擔，因為大家都在等你做出決定——任何決定都好，才能繼續過生活。在你下決定之前，等待的人就沒辦法計畫那個假期、出差、會議、截止日、約會、協商策略或婚禮。他們永遠不能相信你是真的「下定決心」做某件事，因為一旦有更好的選擇出現，你就會改變心意，說句抱歉，然後打退堂鼓，或抱著愛做不做的態度勉強履行諾言。在一些極端的例子中，你會乾脆人間蒸發。你既不會下定決心，也不會認真投入。

基於這個原因，FOBO的殺傷力比FOMO更大。FOMO不會使你變成一個爛人，但FOBO會。FOBO讓你說出「或許吧」，而不下定決心；該確立計畫時，卻保持沉默；出現更好的選項時，在最後一刻取消原定計畫。FOMO只會傷害當事人，FOBO卻會影響他身邊的每一個人。此外，這兩種恐懼症當中，FOBO持續的時間比FOMO長久。這是一種富有病，通常會在你年紀漸長、事業有成、累積的財富越多的時候，就越明顯，因為你的選擇變得更多。屆時，你不會只是臨時取消下午茶或晚餐，而是讓私生活和職場上每一段關係的每一個層面都受到影響。手上擁有的可能性越大，選項的數目越驚人，想要維持選擇權價值的誘惑越大，即使你會因此浪費時間或傷害到別人。此外，你也越來越不可能在意自己的行為將如何影響他人。畢竟，你還有其他選擇。

我們往往不會意識到自己的問題

當我向從來沒聽過FOBO的人解釋這個概念時，他們的反應常常會是：眉毛往上挑，然後指著自己的胸口大喊：「說的就是我耶！」是不是很熟悉？購買這本書之前，你或許沒有聽過FOBO這個詞，但你自己或身邊的人，很可能早就有這個毛病。可是，沒有一個詞可以稱呼這種行為，就很難發現它。

一切就從現在開始改變。是時候給FOBO一個名字，然後把它揪出來譴責一番了。此外，我現在也應該給它一個適切的定義。我以前從來沒好好定義FOBO過，因為過去在商學院寫那篇文章時，我知道我的同儕除了是十足的FOMO人，更是絕對的FOBO人，根本不需要多加解釋。大量的機會造就了FOMO文化，同時也讓人難以從眾多的可能性當中做出果斷的抉擇。我跟我的同學大部分都已經有幾年的工作經驗，也存了一些錢，所以基本上只要我們能排除萬難，下定決心做某件事，想做什麼就能做什麼。

缺乏一個明確的定義，FOBO不僅沒有一個名字，而且也少了固定的形態。在二〇一八的夏天，情況改變了。《紐約時報》「懂生活」（Smarter Living）專欄的作家提姆・赫雷拉（Tim Herrera）為它下了定義：

> 你會持續尋找所有可能的選項，不斷擔心自己會錯過最完美的那個選擇，結果反而造成猶豫不決、懊悔以及更低程度的幸福感[1]。

我雖然很喜歡赫雷拉的描述，但是我要在這裡提供一個更為全面的定義，做為後面討論FOBO時的基準：

FOBO

[fō-(,)bō]【名詞】，非正式

1. 因為相信這世上可能存在著更好的選項，因此總是堅持繼續焦慮地等待。
2. 一種堅守選擇權價值的強迫症，使你遲遲不做決定，無限拖延決策時機。
3. 把你變成混蛋的行為。

誠如你所能看出來的，FOBO是受到兩種明確而強大的衝動所驅使：

- 第一，你堅定不移地相信這世上至少存在著一個更好的選擇，等你去發掘。如果你堅持騎驢找馬，那麼在你找到之前，你會一直找下去，期間盡力避免不做任何決定。
- 第二，在你的心中，堅守選擇權價值跟做出決定是一樣重要的。你相信只要讓所有選項保持開放，就能照自己的做法控制決策過程。

把這兩個行為——騎驢找馬及堅守選擇權價值——結合起來，你會發現自己根本不可能投入任何事情，至少在別人可接受的期限內，你是無法下定決心的。這種認為全世界都得照著你的行程、滿足你的需求走的特權心理，會營造出有害的環境，讓所有必須配合你的人跟你產生疏離。基本上，你會變成一個大混蛋。

騎驢找馬

如果你有FOBO，你會深信這世上一定存在著更好的選項，雖然它還沒出現。當然，如果你活在一個選擇豐富的環境，自然會合理地假設可能還有更好的東西存在，而且假如能堅持一點，就可能產生更好的結果。堅信世界一定有更好的東西存在，這聽起來似乎很樂天，即使這種心態其實是受到資訊不對等的影響。悲觀的人假定一切只會走下坡，但是樂觀主義者會相信前方有更好、更光明的未來，選擇也是。這種心理雖然會被視為一種正向的生活方式，但當它迫使你永無止盡地去尋找更多可能性，那就是源自風險厭惡了。

過度優化雖然不好，但這也不是說，你非得盲目接受第一個選項。餐廳上的菜冷掉了、飯店房間流入冷空氣、公司提出的薪資太少，可不要默默忍受。你還是可以要求自己想要的，談出更好的結果。這麼做不代表你有FOBO，而是表示你知道自己的時間或金錢有多寶貴。然而，當你持續騎驢找馬，不合理地預期你會發掘一個好到讓你可以馬上做決定且完全沒有缺點的選項，那就跨到FOBO的範圍了。理論上，能夠找到這樣的選項聽起來很棒，但無論在當下或很久以後，你其實都沒辦法確定它是不是最理想的。在資訊不充足的狀況下，你永遠都只能進行主觀的計算。如果你有FOBO，你會排斥這個概念。你害怕自己最後得到的是次等的結果，所以即使時間快不夠用了，你還是寧願繼續找。這只會讓你直直掉進陷阱，陷入猶豫不決的泥沼。

堅守選擇權價值

當你非常重視選擇權價值，重視到使你無法做出選擇的程度，那你就是得到了FOBO。你的首要原則就是：永遠不要關閉任何一扇門，或消除任何潛在的選項。無論是計畫週末活動、尋找人生伴侶或者是找工作，你都不願意排除手上的任何一個可能。你會持續在成堆的選項之上增添更多新選擇，並安慰自己，任何時候改變心意都沒關係，因為你沒有關閉任何可能性。你在決策的過程中，不只是專注地尋找完美選項，也會努力維持最大的彈性，否則就有可能落入比原本還糟糕的結局。屆時，你會後悔自己沒有選擇那條路，然後悲慘度日。因為，你的人生不是最完美的。

面對這種恐懼，你的應對方式就是讓所有選項保持開放，不放棄任何一個，然後拖延時間。從某方面來說，你是那種喜歡持續累積某種東西、不想丟掉其中任何一件的人。只是，你累積的東西不是貓咪、鞋子或總有一天要找時間好好讀的《紐約客》過刊，而是「可能性」。這樣一來，你永遠不需要擔心自己哪一天醒來，後悔當初沒有答應那一次滑雪之旅或者沒有投資那個房地產物件。等你回覆的那些人可能會感到厭倦，不想再迎合你，但是如果他們決定拋下你，那是他們做的決定，不是你做的。只要你不說「不」，就不會有遺憾。你還是可以得到自己想要、應得的一切。你還是可以從此過著幸福快樂的日子。猶豫不決成了最後一層屏障，使你不犯下任何錯誤。

如果你相信自己能控制決策的時機，那你也同樣相信自己有優勢。你很容易就會相信你是自我命運的主宰。然而，這其實是個錯覺。逃得了一時，卻逃不了一世。你越是拖延做決定的時間，一部分的潛在選項越有可能消失。截止日漸漸靠近，最後到來，這個世界很有可能把你丟下，繼續前進。你很快就會失去控制權，發現自己已經沒有坐在駕駛座上。想避開災難，就必須行動——而且要快！諷刺的是，到了這時候，你的心態已經不一樣了。你不再試圖優化或冀望最完美的選項出現，而是進入風險減輕模式，有什麼就選什麼，任何東西都比最後什麼都沒有來得好。

下一章，我們會探討令人想要騎驢找馬的原因。你會發現，心理學、科技、歷史悠久的自戀心理，都是造成FOBO的因素。這個組合之所以如此強大，其中一個原因是這表面上看起來沒有很嚴重。渴望擁有更多選項、選擇對自己最好的那一個，感覺很合乎邏輯。但是你將發現，這麼做不見得會帶來自主權。對擁有FOBO的人而言，這更像一座牢獄。

第五章

看似得到一切的可悲之人

「得到想要的一切很簡單，只要你先學會接受你無法得到一切。」

——美國作家艾伯特・哈伯德（Elbert Hubbard）

我小時候如果想要看電影，並不會受FOBO所苦。那時不像現在，沒有Netflix、亞馬遜Prime影音或其它提供無限選擇的服務，所以HBO播什麼，我就看什麼，管他的FOBO。因此，我觀看《歡樂糖果屋》（Willy Wonka & the Chocolate Factory 譯者註：這部一九七一年的電影改編自英國兒童文學作家羅爾德・達爾的《查理與巧克力工廠》，在二〇〇五年再度被改編成電影《巧克力冒險工廠》）的次數數也數不清。雖然我已經很多年沒看這部電影，卻仍記得結局的最後三句話。旺卡先生將巧克力工廠交給年紀輕輕的查理後，他們搭乘旺卡著名的玻璃電梯在天空中飛翔，並有了以下的對話：

旺卡先生：別忘了一個人突然得到想要的一切之後，會發生什麼事。

查理：會發生什麼事？

旺卡先生：他從此以後過著幸福快樂的日子。

把一座複雜的製造工廠交給少年管理，顯然會衍生營運上的問題，但是如果撇開這點不談，這樣充滿感性、比旺卡的工廠所能製造出來的糖果都還要甜膩的結局，其實一直深深影響著我。年紀漸長之後，我發現「得到想要的一切」這種概念跟旺卡的傳奇糖果「永不縮小糖球」很像，很酷、很好吃，可以永遠持續，但也沒有什麼營養價值，最終還會使你蛀牙。

能夠擁有一切，有個重要的前提：你必須知道自己真正想要的東西是什麼，並有辦法選擇它。這才是最難達到的。即使你跟查理一樣，得到了向來認為自己想要得到的東西，你會從此過著幸福快樂的日子嗎？誰說查理真的想要經營一間巧克力工廠？旺卡把工廠交給查理時，查理其實別無選擇。他的家境非常窮困，四個祖父母必須躺臥在同一張床上等待死亡。他不接工廠，肯定是瘋了。

這時候，讓我們來思考與事實相反的情境。如果旺卡把工廠送給查理時，查理除了成為巧克力大亨，還有其他許多選擇，會怎麼樣呢？如果他一直想到另一個城市就讀大學、到亞洲當背包客旅行，或者成為搖滾樂團的吉他主唱，他的反應會不會改變？他還能從此過著幸福快樂的日子嗎？

如果從美國作家希薇亞・普拉斯（Sylvia Plath）的角度觀看未來，上面這個問題的答案就是否定的。充滿無限可能的世界並沒有讓普拉斯感到快樂；反之，她在越來越多的選項之中看見危險。以下這段文字取自她的作品《鐘形罩》（The Bell Jar），描述了過多的選擇讓她無力招架，最後什麼也沒得到：

我看著自己的人生有如故事裡的無花果樹，在我眼前開枝展葉。每一根樹枝的尖端都有一個美好的未來在向我招手眨眼，好比一顆顆肥碩的紫色果實……有一顆是結婚生子之後的幸福家庭，有一顆是詩人，有一顆是絕頂聰明的教授，有一顆是天才編輯伊基，有一顆是歐洲、非洲和南美洲，有一顆是康斯坦丁、蘇格拉底、阿提拉等有著怪名字和非主流職業的情人，有一顆是奧運冠軍，還有好多好多顆我看不清楚的果實。我看著自己坐在這顆無花果樹的枝幹分岔處，飢腸轆轆，只因為我無法下定決心應該要選哪一顆果實。我每一顆都想要，但是選了其中一顆就會失去其他顆。正當我就這樣坐在那裡搖擺不定時，無花果開始變皺、變黑，一顆顆撲通掉在我腳下的地面[1]。

普拉斯赤裸裸地描繪出腐敗的果實散落在無花果樹下的畫面，這代表了威利・旺卡逃避現實的另一個極端結果。任何人只要曾試圖釐清人生帶給我們每一個人的眾多選擇，就能理解她的文字。就算你很幸運，身邊出現了許多很棒的機會，卻也會面臨一項挑戰，那就是在做決定的同時，你必須放棄其他選擇。雖然我敢肯定有些人一定做得到，但大多數人絕不可能在擁有幸福家庭的同時，還有好幾個名字怪異的情人，又能夠周遊世界，而且還是奧運冠軍。為了擇定要走的道路，你必須有所權衡，拒絕其他那些新鮮、刺激、截然不同的冒險經歷。但，你該選擇哪一條路？你怎麼知道哪一條才是對的路？如果不知道自己究竟想要什麼（大部分人都不知道），要你瀟灑地選擇其中一個選項、把其他的都忘了，只會讓你為之卻步。因為，這感覺太冒險了。

想要突破這道難關，顯然你必須學著想出一些選擇的標準，讓你能夠從手上的眾多選項中做出決定。設立標準的目的應該很明顯：你想選到最完美的選項。至少，你想在自己所能取得的選項之中，選到最好的那一個。這麼做應該不具有爭議性吧？你當然不會想選到最糟的；另一方面，為什麼要屈就中間選項？

這些問題並不如想像中容易回答。跟FOMO一樣，生物因素也是驅使FOBO的重要關鍵。人類天生渴望獲得最好的東西，如果再受到自戀心理和選擇轟炸的加持，這樣的慾望就會變成那顆無花果樹。這三個因素加起來，竟有可能讓人生變得難以招架，即使是每天都會遭遇的小事，也會叫你招架不住。

渴望完美的生物機制

想要擁有很多選擇或者選出可能選項當中最好的一個，這些行為本身並沒有錯。如果懷有抱負的人不努力利用自己的天賦或這個世界的資源，人類就不會進步。這種行為是必要的，而且也是人類與生俱來的本能。那些害怕被史前同胞排斥的採集狩獵者，天生也會做出使資源最大化的舉動。為了達到這個目標，他們時常遷移，一旦覓食變得困難耗時，就會選擇離開原地，換到新的地方居住。這個行為可說是「時間就是金錢」的野外求生版。

假設你是靠採集和狩獵為生的原始人，或是一隻尋找花粉的蜜蜂，針對是否應該改變地點、好讓可能性最大化，你的判斷標準其實是很直白的。你知道自己需要什麼才能生存繁衍，因此能客觀地判斷目前的環境是否足以達到你的需求。如果不足以達到，那其實就不用決定了：唯一的選擇就是創新，開始種植作物，建立穩定的食物來源，讓你不再需要當個遊牧民族。這是你的選擇，會決定你的生死（請別要有壓力）。

有些選擇攸關生死，有些選擇則讓生活變得更好、更有樂趣。倘若每天都在使用的日常用品只有一個選項可以選，那該有多無趣？有了更多選擇，你就可以買到更符合自己真正需求和渴望的東西，進而讓時間和金錢花得更有價值。透過這些選擇，你可以表達自我，選擇通往自我實現的道路。然而，當選擇越來越多時，要判斷哪一個選項才是最好的，也會變得越來越困難耗時，這時候就會出現很多問題。

在《只想買條牛仔褲：選擇的弔詭》（The Paradox of Choice）這本經典著作中，身為作者的心理學家貝瑞・史瓦茲（Barry Schwartz）證明了，擁有的選擇越多，只能選其中一個的事實就讓人壓力越大、越難做決定。他探討了這個狀況是如何影響那些「尋找並只願接受最好選項」的人[2]。如果你是這種人，你會盡可能地評估越多選項越好，確保自己達成目的。你這麼做，會比同輩投資更多時間與金錢研究各個選項，最後才試圖選出一個獲選者。有一種人的行為恰恰相反，那就是選擇「接受夠好的選項，不去擔心世上有沒有可能存在更好的選擇。」[3]

諷刺——或使用史瓦茲的說法：「弔詭」——的是，即使第一種人可能可以做出比較好的選擇，他對自己的選擇卻會比較不滿意。這是因為，身為一個高度挑剔的人（也就是擁有FOBO的人），你已經評估過太多潛在選項，導致你承受極大壓力，傾向風險厭惡，以免事後反悔。仔細想想，這其實真的很諷刺。你是做了功課之後才下決定的，最後選擇的房子、配偶、車子或飯店比第二種人選的還要好，但是你卻無法好好享受辛苦之後的成果。即使你像查理一樣得到了想要的一切，卻沒有從此過著幸福快樂的日子。

選出完美選項不只跟生物學有關，也跟成長背景、國族、社會地位等文化因素很有關聯。比方說，假如你是在中產階級家庭成長的美國人，那麼你可能從小時候就被教育「可以選擇去做任何想做的事」，相信這樣的自由與自治是《獨立宣言》列出的基本權利「生命權、自由權和追求幸福的權利」的根本。你自幼就被教導，自由地表達和選擇在美國是社會契約的一部分。正因如此，創業家才得以去追逐瘋狂的夢想、孩子才深信自己長大後可以成為任何一種人、藝術家才能夠獲得解放，用自己的作品挑戰現況。因為上述這些、還有其他許多原因，選擇的價值對你我來說似乎再明顯也不過。

但，事實真的是如此嗎？史丹佛大學的哈澤爾・蘿絲・馬庫斯（Hazel Rose Markus）跟史瓦茲合力研究，發現人們對於選擇的看法跟自身的文化與社會地位有關[4]。例如，北美社會雖然吹捧個人主義，將選擇權視為必要的文化常規，但東亞和南亞等集體主義的社會卻比較重視相互依存，強調個人的決定和行為會如何影響他人。此外，工人階級的美國人卻教導自己的孩子這個世界不是繞著他們轉，想要領先，就必須遵守規範，跟著體制走。因此，住在布魯克林的富裕上流階級跟自己的小孩說，要盡情享受生命賦予的一切機會，住在隔壁皇后區或世界另一頭的孟加拉的工人階級家庭，卻傳遞給後代完全不同的訊息。

如果你在成長的過程中相信，每個人都能塑造自己的命運、都有自治權，且大量的選擇等於自由，那麼你可能也會把選擇的能力視為理所當然。然而，選擇就跟許多不可或缺的資源一樣，並非均勻分布在世界各地。選擇的豐沛或稀有，正是影響決策的根本原因。

選擇的商品化

在整個人類史上，人們大部分的時間都是花在滿足馬斯洛理論最底層的需求，確保食衣住行等生活基礎不虞匱乏，因此根本沒時間去思考像FOBO這樣較高層次的問題。今天，情況變得複雜許多。巧人必須正確做出幾項非常重大的決定，而現代人類（特別是生活在富裕社會的那些人）則在大大小小的事物上都面臨極其複雜的思考與計算過程。如果你跟我一樣，覺得貝瑞・史瓦茲那本有關決定和滿足的著作寫得實在是太好了，那你可能會感到很不可思議，《只想買條牛仔褲：選擇的弔詭》竟然早就二〇〇四年就已出版，而我和我的朋友才剛開始互相嘲弄，說對方讓FOBO干涉了自己的人生。現在想想，當年的掙扎真是老派。那時候，**iPhone**、社群網站、私訊以及亞馬遜**Prime**這個提供了最多選擇性的管道都尚未問世。可以說，當時的選擇性還處於石器時代。但在過去十五年來，這些新科技和新服務讓人很容易就變成一個「尋找並只願接受最好選項」的人，不知不覺就受到FOBO所誘惑。

今天，你手上的選擇可能比一百年前最有權有勢的人所擁有的選擇還要多。你不需要特別富有，人脈也不用特別廣，就能在大部分日常用品的選購上，擁有大量的選擇性；當然，這也必須取決你所居住的地區。選擇變成一種商品，大眾化了，並對這些新選項的消費者造成顯而易見的影響，使他們難以招架。你因為選擇太多而被寵壞了，如果無法掌控這個情勢，就會一而再、再而三地落入猶豫不決的陷阱。

如你所知，沒有選擇的人就沒有FOBO。過多的選擇通常是富裕的結果，並構成了這種恐懼症的根本要素。反之，如果你覺得自己沒有其他選擇，那問題就不會發生。不妨想像一下，正在等待器官移植的你很幸運地接到通知，出現了一位捐贈者。這時候，你不會問醫生下個禮拜有沒有可能會出現更好的器官。你不會堅持要等待更年輕、更健康或這輩子滴酒不沾的捐贈者出現。恰恰相反，你會馬上收拾東西，坐進車裡，在前往醫院的路上心懷感激。這是你唯一的選擇，也是很多人夢寐以求也求不到的，所以你有什麼就拿什麼，並且充滿感恩。

再試想看看，你在一個尋常的星期六早上來到家裡附近的星巴克。首先，即使對重度咖啡因成癮者而言，這也不是一個攸關生死的情境。其次，這種要價只有幾塊美金、調製過程不會超過五分鐘的飲料，卻有非常多的選項可以選。這也難怪，在星巴克，你常常會看到客人走向點餐檯，跟服務生說他今天要喝一杯咖啡因減半、短濃縮、壓四下、無糖的特大杯冰豆奶低脂肉桂糖漿拿鐵。因為這種客製化的飲品，星巴客自豪地說他們提供了超過八萬種的選擇。

並不是只有星巴克提供了大量的產品選擇。星巴克不過是一個象徵，驗證了在一個選擇富裕的環境中，就連最不攸關性命的決定也變得複雜無比。由於製造業取得了重大的進展，實體商品轉向數位產品，再加上全球化的腳步迅速，商人現在得以供應比過去要多上許多的品項，很多都能根據你的特定需求量身訂做。他們也能向消費者提供許多二十年前會被當作空想的選擇。ZARA、H&M等飛快時尚零售商可以在短短兩週的時間，將伸展台上的構想付諸實現，放在全球各地的分店；亞馬遜提供的品項是你家附近超市所能提供的一萬倍之多，而且它從不打烊、能為個別消費者制訂理想價格，並讓你在自家沙發上就能隨時隨地、舒舒服服地享受數百萬種書籍、音樂和電影。

這應該是件好事，不是嗎？如果有人可以雙手奉上和你想要的東西一模一樣的商品，那不就不會再有FOBO？選擇和客製商品的數量呈指數成長，表面上看起來似乎能夠解決問題，但事實卻是恰恰相反。如果你希望這個世界能針對你的渴望、需求與喜好進行量身訂做，你還是得先知道自己想要、需要、喜歡什麼，才有辦法欣然接受送到你眼前的東西。

誰說擁有FOBO就沒有自我？

盡量讓所有選擇保持開放的時間越久越好，是擁有FOBO的首要條件，但是當你的控制慾是源自十足的自私心理時，這股衝動會受到加倍驅使。每個人都有一個從來不會下定決心的朋友、家人或同事。這個人每次買了東西，都會在數週或數個月後全數退貨，因為他改變心意了；在派對上遇到這個人，他總是東張西望，想要找看看有沒有更好的人可以聊天；他永遠不會接受餐廳給他的第一張桌子，或是飯店第一個給他看的房間，因為他總是想先多看幾個房間、檢視整間餐廳，好好評估每個選項的優缺點。警告：如果要跟這個人吃飯，你最好坐在餐桌離他最遠的那一端，因為他無法接受只能從菜單上選一樣品項的概念，所以絕對會問旁邊的人可不可以吃吃看他們的料理。

擁有FOBO的人不覺得這種行為有什麼問題。他會震驚地說：「什麼？我為什麼要屈就於次好的東西？」一有原則的確沒有錯，但是設立基本原則是一回事，而試圖讓每一個決定得到最完美的結果，最後反而失去長遠的眼光、將日常事務複雜化、為生活帶來不必要的麻煩，卻又是另一回事了。當你把人生當作一場談判，但談判的目標又一直不斷改變，別人永遠不可能跟你談出一個結果。因為談不出一個所以然，最後你只是為身邊的人帶來各種不便，彼此間的互動也變得越來越像一場交易。什麼都想要的你，永遠不會願意妥協，而是期盼他人能讓步。

因為追求完美，你發展出一個重大的人格缺陷：自戀。在二〇一七年的六月，《紐約時報》專欄作家大衛・布魯克斯（David Brooks）發表了社論〈臨陣脫逃的黃金時期〉（"The Golden Age of Bailing"），在這個FOMO盛行的時代成功讓全美讀者維持至少數個小時的專注力。他描述了FOBO滲入人際關係的現象：

我們現在很顯然活在臨陣脫逃的黃金時期。全美各地都出現了這種人：星期一的時候，他們決定星期四要跟甲好好喝兩杯。可是，星期四來了，他們卻發現自己比較想要回家倒在床上看《拼車K歌秀》。因此，他們會傳一則臨陣脫逃的訊息或電子郵件：「抱歉！今晚沒法去喝酒了。太累了。我奶奶得了淋巴腺鼠疫……」[5]

讓我告訴你要怎麼判斷自己的行為是不是真的受到自戀心理驅使。當你臨時取消跟前同事的約定時，你是為了她好嗎？難道你會想說：「我只是希望她可以休息一晚。她如果在Netflix上追劇，應該比跟我見面還要好」？才怪呢！擁有FOBO的人會想要投入各種社交或職場方面的機會，但是除非他們最後有在指定的時間走進那扇門，否則都不算是真正下定決心。在那之前，無論是前一天或前一個小時，他們都在心裡保留臨陣脫逃的權利。他們會傳一則訊息或電子郵件，找一個無論是真實或捏造的藉口，然後去做當下那一刻對他們來說最好的事情。這種自戀心理存在著一個很簡單的原則：他們的時間比你的寶貴。

科技顯然在這個打破承諾與人間蒸發的循環中，扮演了一定的角色。在數位時代來臨前（例如十五年或更早以前），想要取消約會或改變計畫，一定要親自打電話跟對方說。你也不會突然收到一封訊息，說服你臨陣脫逃，去做別的事。但是今天，你可以使用多種減少摩擦的方式來打破約定，甚至在履行約定的途中打退堂鼓。此外，你還可以拿科技做為擋箭牌，讓整件事變得相對沒那麼痛苦。雖然你可能會感到愧疚，但除了在電子裝置上的幾句簡短對話之外，你並不需要負擔其他後果。

如果將所有選項保持開放的這種衝動，變成了定義你生活方式的一大特點，那就表示自戀心理和ＦＯＢＯ已經兩相結合。每個人偶爾都會需要改變計畫，或者要求他人的配合。但是，當你面對簡單的問題也選擇敷衍不回應，或是屢次要求助理加班，好為那趟旅程擬訂五十種不同的行程，又或是叫分析師每個週末都得上班，無止盡地把投資銷售簡報進行無意義的更動，這時候就表示你有ＦＯＢＯ，並讓身邊的每個人都因此付出代價。不是只有華爾街的高階主管才會如此，各種組織裡的各階層雇員都會出現這種行為，無論他們是在德國的一間小企業、奈洛比的科技新創公司抑或是邁阿密的企業銷售部門工作。ＦＯＢＯ處處可見。

ＦＯＢＯ人生

對許多人而言，擁有某種程度的ＦＯＢＯ是無可避免的。無論你住在哪裡、做哪一行，到了某個時候，人生總會不知不覺變得複雜。從童年來到成年，你必然得試著接受人生中所需要做出的抉擇只會增加，不會減少。這顯然也有正面的影響。你可以決定自己要住哪裡、要做什麼工作、什麼時間上床睡覺、晚餐想喝什麼（紅酒、粉紅酒，還是白酒？）。雖然你的自治權達到了前所未有的巔峰，但是很多事情並不像決定喝哪一種酒這麼簡單。你也必須做出一些乏味、艱難、一點也不好玩的決定。這時你才明白，小時候的那種日子其實也蠻好的。我寧可花幾分鐘的時間決定要玩哪一個玩具，也不要浪費半個週末評估各種保險方案。

從嬰幼兒時期到童年階段，你活在一個高度受控的環境中，沒什麼機會做決定，因此也很難會發展FOBO。就算你是一個惡名昭彰的挑食鬼，你的父母也不可能一直容忍。他們最後只會放棄，決定讓你餓肚子，希望你不再挑食。如果你跟他們說你不想吃魚柳條，他們不可能會給你平板，讓你自己向任何想吃的餐廳訂餐。他們會讓你繼續坐在餐桌前，直到你決定吃下那幾根魚柳條。或者，如果他們夠寬宏大量，也許會換成雞柳條給你吃。他們握有掌控權。

到了青少年時期，你的人生會開始出現急速的變化。你會獲得些許自主權，你的閱歷也增加了，讓你可以更精準地確立自己的喜惡。你可能也會開始約會，體驗到一陣陣陌生的情感與可能性。進入成年時期後，生活中的選擇多寡會跟你是否得到FOBO有直接的關聯。假設高中畢業後，你接管了家族事業，或在家鄉唯一兩間公司的其中一間上班，那麼至少在職場上，你不會感覺到特別明顯的FOBO。你走上一條清楚的路徑，這條路你很熟悉，因為身邊有許多人也選了類似的道路。反之，如果你搬到一座新城市讀大學、跟好幾個同系的人打情罵俏、參加各種公司的面試，且身旁的人都在做同樣的事，那麼你的選擇所會帶來的後果將難以預測。在這樣一個選擇豐沛的環境中，得到FOBO的風險絕對高上許多。

從此以後，你累積越多成就與財富，FOBO就越有可能慢慢滲入你的人生，影響你的生活方式。即使你變得越來越忙碌，做重大決定的思考時間越來越少，你也同時握有更多資源，讓你可以考慮更多潛在的選項。此外，你也會把自己的時間看得越來越寶貴。如果一切都很順遂，你會相信自己的價值比十或二十年前還要高得多。這個時候，風險厭惡和自戀心理也會對你的行為造成更大的影響。你會害怕做出錯誤的決定，浪費寶貴的時間和精力在不能帶給你快樂的事物上。畢竟，你相信自己值得快樂。你認真地忙著工作，時間非常珍貴。你、你的家人和跟你同在一個圈子裡的人——這些人的需求必須成為你唯一的關注，即便你的行為和態度會間接傷害所有受你的決定（或猶豫不決）影響的那些人。

倘若你持續生活在相對富足、選擇豐沛的環境，你的FOBO就會一直存在，直到成年時期晚期，你的世界觀才會開始改變。這時，FOBO對你產生的影響會開始消退。你累積了相當多的人生閱歷，也成功擊敗過去蒙蔽你眾多決策的資訊不對等。你已經明白，時間才是最重要的東西。每猶豫不決一秒，好好享受辛勞果實的時間就少一秒。根據這輩子累積的智慧，你知道最好的選擇就是確保自己別再浪費任何寶貴的時間在FOBO上。

生活環境中擁有大量選擇的人，其FOBO會出現如圖所示的典型曲線，顯示FOBO在人的一生中發展的情況。當然，每個人的一生不可能都一樣。因此，有兩件事要納入考量。第一，FOBO的起伏——尤其是那些

在擁有大量選擇的環境中，FOBO所呈現的動態

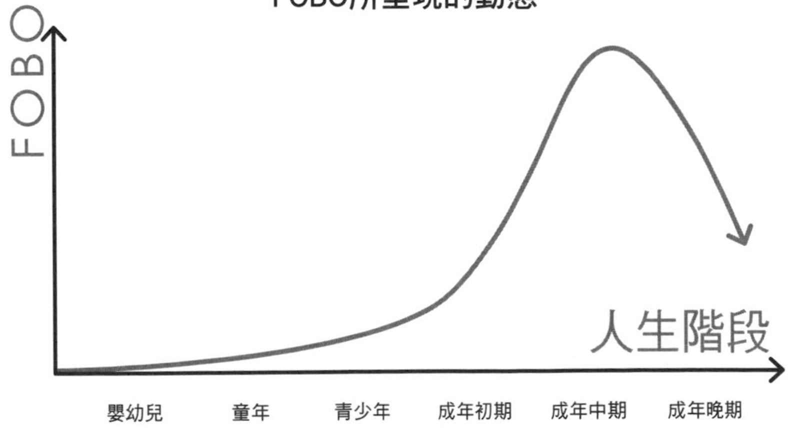

意想不到的事件——會決定你是否繼續這個進程，或者畫出截然不同的曲線。如果事情不如人意，比方說你丟了工作、跟伴侶分開或面臨意料之外的不幸事故，人生就有可能完全變了樣。你的生活環境將不再出現這麼多選擇，或至少就那個非常重要的層面來說是如此。第二，所謂的「選擇豐沛」不見得等同於經濟富裕。雖然這兩者常常被畫上等號，但生活型態與社交環境其實也會影響你如何看待手上握有的潛在機會。每年前往達佛斯參加世界經濟論壇的財富五百大公司之執行長，他們的心靈不見得會比一輩子沒離開過小村落的佛教僧侶還要富足。事實上，情況更有可能恰恰相反。

你是不是FOBO人？

大家是不是都知道你很難下決定？你是不是常常擇日安排或甚至取消數天或數週前決定好的行程？在決定對生活只有極小影響的事情時，你會不會花超過短短幾分鐘的時間思考？如果上述這些問題，你的回答至少有一個是肯定的，那麼你肯定是位於FOBO的光譜上。然而，想要確定自己是否擁有FOBO，你就必須更深入地思索自己決策的方式以及這個方式對你和周遭的人造成了何種影響。下面這個診斷測驗中列出的問題，全都點明患有慢性FOBO的人會有的行為和心態。

為了判定自己是不是FOBO人，你必須蒐集兩組問題的答案。首先，你要完成一份自我評估問卷，就跟你判斷自己是不是FOMO人時一樣。再來，你要請親近的人幫你回答第二組問題。FOBO有一個決定性的特點，那就是它會直接影響生活周遭的人，因此親朋好友應該會知道、也有動力如實回答，給出準確的答案。如果你一直在自我欺騙，或是真的不曉得自己的行為有影響到他人，這份問卷可以做為警鐘，幫助你看清事實。

請針對以下問題給予1到5分，1分表示完全不同意，5分表示非常同意。

自評問卷

1. 我會花很長的時間或很多的精力決定一些相對不重要的事情（即一個禮拜後就不會記得的事情）。
2. 除非我有大量選擇可以權衡，否則我不覺得自己能做出好的決定。即使手上已有一個可接受的選項，我還是會先去找其他替代方案，再決定是否投入。

3. 我時常同時進行多種預約或預訂，或者擬定多項計畫，然後等到最後一刻才選擇其中一個，或什麼也不選。

4. 我時常拒絕別人提供的第一個選擇（例如餐廳座位、飯店房間或商品價格），試圖協商出或換得更好的選擇。

5. 我經常買了一樣東西後，又後悔退貨。

6. 我認為取消約定（即使是最後一刻才取消）是忙碌生活不可避免的副產品。

7. 我因為無法全心投入計畫或其他決定，傷害了私人或職場上的關係。

請他人協助回答的問題

8. 我會不會難以做決定或者很難下定決心做某件事？

9. 你覺得我是不是一個無法信賴的人？

10. 你會不會因為我無法下定決心投入，進而避免跟我約定事情或一起做決定？

接下來，算出十個分數的平均值。如果平均分數大於3，那麼你就是FOBO人的一員。如果平均分數大於4，那麼我很訝異你竟然讀到這裡了，沒有選擇當下擁有的其他選項！好了，別開玩笑。這份評量列出的行為傾向絕不是最完整詳盡的。你很有可能就認識（或者你自己就是）一個受到FOBO所束縛的人。如果你不懂，這種常常做出自私行為的人怎麼可能會受到任何東西的束縛，那麼請思考一下：雖然你讓別人付出了代價與犧牲，但你也同時為這些表面上看似能帶給你自由的行為承擔了慘痛的後果。你把選擇權價值看得最重，卻沒發現，自己不僅沒有減輕決策過程帶來的沉重壓力，反而繼續被困在介於模稜兩可與肯定之間的灰色地帶。在潛意識裡，你知道（或者在偶爾清醒的時刻，你清楚地意識到）自己陷入了一個可怕的束縛，在做出決定以前，你將永遠無法獲得真正的快樂，連往前邁進也沒辦法。可是，你就是無法做決定。你就這樣困在煉獄之中。

Part 2

恐懼不為人知的代價

「成功的人跟非常成功的人之間有一個差別，那就是非常成功的人幾乎每一件事都拒絕。」

——華倫・巴菲特

第六章
賺進數十億美金的FOMO產業

「浪潮退去了，你才知道誰光著身體游泳。」

——華倫・巴菲特

在二〇一八年，全國公共廣播電台（National Public Radio，NPR）的節目「市場」（Marketplace）發表了一篇報導〈FOMO在中國是一個七十億美元的產業〉（"FOMO in China is a $7 billion industry"）[1]。故事的主角是一位年輕的陳爸爸，他跟妻子、女兒、父母及哥哥的家庭同住在上海的一間小公寓。他雖然有穩定的工作，但還是急著尋找其他辦法改善一家人的生活。有一天，他湊巧聽到一個播客（podcast）節目《通往經濟自由的道路》，一切就此改變。每年只要花二十九美元，他就可以直接跟中國最富有的比特幣大亨李笑來學習使用加密貨幣交易的方法。陳爸爸受到鼓舞，便辭去了工作，打算全心投入加密貨幣貿易。這怎麼可能出錯？大家都在靠買賣比特幣賺大錢，他為什麼不能？

原來，很多人都跟陳爸爸一樣。在中國的「知識付費」經濟中，消費者為了不被競爭極為激烈的勞動市場淘汰，總是奮力提升自己的技能。這種害怕落於人後的恐懼心理非常強烈，有一個中國智囊團甚至公開把這龐大的知識產業歸咎於FOMO[2]。購買課程可減輕這些恐懼，也能開啟新的職業生涯，就像陳爸爸一樣。但，對他來說這還不夠。他不僅常常購買知識付費的相關產品，甚至訂閱了一個播客（podcast）「讓你的聲音變得更有魅力」。

陳爸爸的故事最引起我注意的部分，不是他為什麼這麼愛涉險，也不是他為什麼這麼愛聽各種播客（podcast）。令我吃驚的是，他同時被好幾種FOMO所淹沒。FOMO不但說服他投資可觀的錢財，以達到自我提升的目的，還迫使他把一家人的經濟未來賭在比特幣的投機投資。而這一切，全都只因為他聽到一個教他快速致富的播客（podcast）！更慘的是，自從「市場」的報導在二〇一八年九月出來後，比特幣已經從近兩萬美元的巔峰落了快要七成。

我不知道這位陳爸爸今天過得如何，但我真心替他、他的加密貨幣投資以及他龐大的家族感到擔憂。報導當時，比特幣其實已經受到重創，但在之後的三個月又掉了五成。比特幣雖然正慢慢東山再起，有一天甚至可能回到兩萬美元的光景，但是任何類型的投機投資都有可能毀掉小規模的投資客，尤其是缺乏經驗的人。如果你不知道自己在做什麼，聽再多的播客（podcast）也無法避免大筆金錢的損失。諷刺的是，陳爸爸的故事才報導兩週，他的啟發者李笑來就在微博上發表聲明，說他從此不會再投資任何一毛錢在區塊鏈這個加密貨幣所仰賴的基礎技術上[3]。他決定要轉行了。我衷心希望陳爸爸也有追隨他的腳步。

FOMO如何影響商業

當FOMO被應用在商業中，目標只有一個：誘使你做出在沒有外來刺激的情況下你不會做或者會延遲去做的事。FOMO在中國是個多達數十億美元的產業，但是若以這個數字推算，我可以大膽猜測全球的FOMO市場絕對有達到數千億美元。在二〇一七年，光是FOMO引發的比特幣價值飆升，就高達兩千億美元[4]。

要了解FOMO是如何影響商業的，我們可以再次回顧第二章提到的那兩個基礎要素：認知與歸屬。這兩個要素分別會造就兩種類型的FOMO——抱負型FOMO及群眾型FOMO，影響行銷和商業。

認知造就抱負型FOMO：當你相信自己的認知，行為就會受到「我的決定會讓生活變得比當下這一刻更好」的信念所影響。因為出現了這種想要改善現況的渴望，我們可以把這稱之為「抱負型FOMO」。當然，在某種程度上，邏輯也必須暫時拋在一邊：由於資訊不對等會蒙蔽你的判斷力，你不可能知道實際的結果是否會跟預期一樣。

歸屬造就群眾型FOMO：人會尋求歸屬感，是因為我們天生就不希望被拋下。大腦在提醒你，情感方面的拒絕會引起和生理疼痛一樣的神經反應，所以最好確保這種事不會發生。這可以稱之為「群眾型FOMO」。

抱負型FOMO

從美國女子網球選手小威廉絲（Serena Williams）和演員傑克・保羅

（Jake Paul），到化妝師胡達・卡坦（Huda Kattan）和歌手卡麥隆・達拉絲（Cameron Dallas），透過網路名人向追蹤者推銷產品，每年一共可以完成數十億美元的交易額。從本質上來說，這些人賣的是一個夢，利用自己的名聲創造「社會證據」，讓你去追尋一個比現實世界的苦悶還要大、還要好、還要耀眼奪目的東西。

社會證據的概念，讓人們在做生活中的決定時，會向網路名人看齊。這是抱負型FOMO的動力來源，也是名人代言會存在的根本原因。難怪，《廣告週刊》（AdWeek）預測網紅行銷在二〇二〇年以前將達到一百億美元的產值[5]。

社會證據驅動商業行為是一塊很大的餅。然而，利用追蹤者販售或行銷產品來賺錢，並不是最近才出現的概念。名人兜售各式各樣你不知道原來自己需要的商品，已經行之有年。社群網站興起後，並沒有帶來名人行銷，而是改變了我們追隨名人的方式。美國拳擊名人喬治・福爾曼（George Foreman）雖然曾在一些廣告中代言商品，但是也就如此而已。因為有了社群網站，名人可以直接入侵我們的手機和心理，讓我們窺看他們的私密生活寫照。網紅會張貼在家裡或度假時拍攝的照片或影片，向我們述說自己的家庭、擔憂和最喜愛的東西。他們是引領潮流的人，導致網路文化有越來越傾向追求認同、尋求關注的趨勢。他們會暴露自己的黑暗面（有時還會暴露其他東西），像是造成推特癱瘓的麥莉・雷・希拉（Miley Ray Cyrus，跟隨者超過四千萬名）、在Instagram上出現不和的小賈斯汀與席琳娜・戈梅茲（兩人合計擁有超過三億名追蹤者），以及在衝動之下張貼報復性色情內容、帳號遭到Instagram刪除的羅伯・卡戴珊（**Rob Kardashian**）。

這種尋求關注的行為雖然很刻意，卻讓他們給人一種更真實、更充滿人性的感覺，效果比起在浮誇的雜誌封面放上那些與現實有著天壤之別的照片來得好。我們相信他們很**#誠懇真切**，他們在推產品或活動時，也就能獲得更好的成果。真的很行的那些名人，甚至可以在你完全不知道自己被操弄的情況下，引起你的FOMO。當你很在乎這些人，會去關注他們的心情起伏、他們的孩子、他們的世仇、他們的藥物或酒精戒斷之旅、他們的狗，就表示你在他們身上投注了很多。這就是他們能賣得出東西的前提。

然而，有一點千萬別忘了：他們並沒有在你身上投注任何東西。看看這三位二〇一八年在Instagram上擁有最多追蹤者的名人：葡萄牙足球員克里斯蒂亞諾・羅納度（Cristiano Ronaldo）、席琳娜・戈梅茲及雅瑞安娜・格蘭德。他們的追蹤者加起來總共超過五億，但他們追蹤的人總共不到兩千位。你追蹤他們，他們卻沒有在追蹤你。這樣的關係從根本上來看其實是單向的。社群網站怪就怪在這裡：你主動選擇要成為名人、甚至是隔壁鄰居等許多人的追蹤者，吸收他們張貼的內容。結果，跟你很熟、真正出現在你生活中的那些人所張貼的內容，竟然跟那些連你這個人的存在都不知道的人所張貼的內容並列在一起。

這樣一想，你就會發現網紅與追蹤者的關係其實比表面上看起來還要緊張。在你堂哥所張貼的寶寶照和婚禮照之中，潛藏著你的網紅「好友」刊登的廣告。由於資訊的不對等，你永遠也不知道這些網紅究竟是真的相信自己推銷的產品，還是只是為了錢。考量到這其中涉及的利益有多龐大，可以猜想他們很可能只是在利用你，雖然他們絕對不會當著你的面這麼說。這場交易醜陋的一面，被很好地藏在幕後。然而，真相偶爾會被揭露。在Netflix出品的紀錄片《FYRE：國王的豪華音樂節》中，鏡頭拍下了史上最自私自利的網紅行銷騙局背後的殘酷真相。畫面中，麥法蘭德坐在巴哈馬的海灘上，傑魯和「生火團體」的幾位超模在他左右。他說他們「是在銷售一個白日夢給平庸的魯蛇們，那些中美洲的平凡人。」

群眾型FOMO

零售業者和行銷專家經常設計全套的銷售活動，旨在喚起你的FOMO，誘使你決定花錢購買他們兜售的商品、服務和體驗。從人擠人的黑色星期五，到為了搶購最新的Apple產品而在店門口排上數天的人潮，購買的過程本身早已成為該商品整體體驗的核心部分。就像牛羚一樣，參與這些事件的衝動也是受到一個根本的生存需求所驅使。對牛羚而言，參與攸關生死；對FOMO人而言，參與代表接受與歸屬。共同參與一件比你還要龐大的事物，會衍生出同志情誼。期待、籌畫、共同的體驗，以及可以講上好幾個星期、甚至好幾年的故事，都成了商品的另一個核心價值。自我在這個過程中表現出來，告訴全世界你是誰、你在

↑兩種群體在各自的棲息地：非洲與Apple商店。

世界所扮演的角色。同時，恰巧經過的人也會得到視覺上的提醒，呼籲他們也應該一同加入。

所以，在曼哈頓的蘇豪區開麵包店的多米尼克・安塞爾（Dominique Ansel）才會指示團隊，每天早上不可製作四百顆以上的可頌甜甜圈（可頌和甜甜圈的混合體）。如果你想買一個吃吃看，就一定要在麵包店早上八點開門以前就早早去排隊。安塞爾雖然可以多做幾個可頌甜甜圈或是抬高單價，以因應顧客的需求，但是他知道，人們對可頌甜甜圈（他還為這個名稱註冊了商標）展現出的狂熱，比提高每日銷售額還要有價值。首先，每日限量商品會創造「稀缺性價值」。再者，麵包店外的大排長龍景象證實了他的食物絕對值得等待。然而，這種社會證據是來自群眾的力量，也就是那些站在隊伍中的好奇紐約客和興奮觀光客，跟名人或網紅創造的證據不同。只要做對了，這兩個元素加在一起就能創造跟可頌甜甜圈一樣的潛力。

對安塞爾和他的麵包店來說，FOMO是很珍貴的公關。群眾在臉書、推特和Instagram上發表的貼文，提供了金錢買不到的曝光率。然而，有一起事件向我們揭露了群眾心理的本質。二〇一六年的某天早上，麵包店照常充斥著 **#渴望吃到可頌甜甜圈** 的消費者，隊伍一直排到了一名數小時前死於路邊長椅上的男子，卻無人發覺。為了拍出完美的自拍或張貼完美的貼文而身陷其中，是一回事；陷入群眾之中，沒有看見真實世界裡可能有人需要你的幫助，卻又是另外一回事。

安塞爾的巧妙策略雖然一直是建立品牌與銷售商品的強大助力，但是在過去十年來，網路行銷專家也找到了方法，將群眾型FOMO、社會證據和稀缺性這個具有爆發力的組合帶到數位世界。他們運用各種工具來吸引你的注意，試圖讓你做出一個結論：我非得擁有這項產品不可。一旦你知道他們所使用的伎倆，就會像看了《駭客任務》一樣，從此轉變看待網路的方式。

假設，你決定到拉斯維加斯這座很懂得行銷FOMO的都市度假。你上了美國航空的網站，點了幾下後，畫面出現很多班次。在你比較想要的那個選項下方，寫有一行字：「只剩三個座位」。你知道再不買就會來不及，於是便直接預訂。在下一個頁面，有一個信用卡的「限時優惠」活動，只要申辦這張信用卡，就能獲得兩百五十美元的紅利點數以及大量飛行里程。你忽略這個優惠，來到下一頁，沒想到同樣的信用卡「限時優惠」又出現了，希望你能再考慮一下。你再次逃過一劫，卻發現座位越來越少，如果不把握時間，就會選到中間那排位於廁所旁邊的位置。你同意支付四十五美元，但是接著，你又獲得第三次申辦那張信用卡、得到限時優惠的機會。最後，你被慫恿買下旅行平安險，因為頁面上有一段文字告知你，在過去七天，共有超過九萬三千名旅客選擇投保。算下來，至少有六個社會證據和稀缺性價值的例子阻擋在你和你的機艙座位之間。

無論是在數位或現實世界，抱負型與群眾型FOMO都無疑是各類行銷專家爭取注意力和銷售量的手段。無論是顯而易見或隱性的，只要持續留意這些廣告訊息，你就能夠奪回控制權，做出自己真正想要的決定，而非在這些人的努力慫恿下，選擇你「以為」自己想要的。改變權力動態，不僅有助於你做出真正反映自己喜好的決定，也能確保決策的過程中，你不會暫時失去判斷力。如此一來，吃太多可頌甜甜圈或是把錢花在投機投資上的這類情事，將不會發生在你身上。

矽谷的（錯失）恐懼與貪婪

泡沫經濟的開端和終結，通常都是一樣的。在價格還沒超出合理範圍之前，忠實的信徒與聰明的投資客會投入大筆資金，提高某一投資項目的價格和公眾形象。突然間，賺錢看起來變得很容易。你開始覺得，如果手腳不快一點，就會錯過迅速致富的良機。價格持續抬高，變得越來越不理智，泡泡若不想被戳破，就必須鼓吹那些不在乎期望是否與現實連結的投資者加入戰局。這些新的投資者是受到抱負型FOMO和貪婪這兩個戰勝嚴謹與理智的因素所驅使。在感恩節大餐聽見姪子說到有關比特幣的事，就去買比特幣；在自己最喜愛的新聞頻道上看到廣告後就去買黃金；或是像上海的陳爸爸一樣，聽了一個播客（podcast）節目後就一頭栽進投機市場——這些投資者講的就是這種人。小心，群眾型FOMO開始肆虐了。

群眾型FOMO一旦就定位，傳統的智慧結晶就會提醒那些對這個主題十分熟悉的資深投資客趕快變現。口袋現金滿滿的他們跑到安全的地方，把市場留給群眾。最後，泡泡爆破，冷靜的人獲勝，市場恢復正常。那些屈服於FOMO的投資者（太晚加入且抱著投機心態的人）只能撿剩下的。要是他們能夠記取歷史上發生過的無數次類似案例（諸如一九二九年的股票大跌和一九九〇年代的豆豆娃泡沫經濟），並發覺他們其實被玩弄了，就不會落得這般下場。他們只要花幾分鐘上網搜尋「FOMO and 比特幣」，就沒事了。試試看，你會得到超過九十萬條結果。

在地處高海拔、空氣稀薄的矽谷，傳統的智慧結晶不一定有幫助。事實上，經驗豐富的「精明資金」最後可能讓你看起來一點也不精明。以Theranos這個現在已經廢止的矽谷公司為例，它宣稱自己研發了一項技術，只要一滴血，就能檢測數百種疾病。跟比特幣不一樣，這顆泡泡是由一群應該要很聰明的資深投資者吹大的。媒體教主魯柏・梅鐸（Rupert Murdoch）、持有安麗的狄維士家族（the DeVos family）以及創建沃爾瑪百貨公司的沃爾頓家族（the Walton family）都名列贊助Theranos的知名投資客行列，使這間公司募得高達七億美元的龐大資金。在這個過程中，他們把該公司的估值提高到九十億美元。這些人沒有一個是第一次進行投資，但是卻做了跟新手一樣的事。美國證券交易委員會已「重大欺詐」罪名控訴這間公司的創始人伊莉莎白・福爾摩斯（Elizabeth Holmes）及她的合夥人拉梅什・巴瓦尼（Ramesh "Sunny" Balwani），這些投資客同時全數出局。

這位福爾摩斯編造的窮人變富翁故事為何能夠蒙騙眾人過關？她使用的伎倆就跟Fyre音樂節以及多米尼克・安塞爾的可頌甜甜圈所使用的招數是一樣的。首先，她利用社會證據讓投資者相信這間公司最後必然會成功，煽動抱負型的FOMO。她的構想還停留在簡報階段時，就已經獲得以前的老鄰居提姆・德雷珀（Tim Draper）的投資；此人恰好也是矽谷最多產的人物之一。公司開始成長，她也繼續加強社會證據，招募許多前任的美國內閣秘書和參議員加入Theranos的董事會。對於那些考慮投資這間公司或簽署合作協議的外人來說，很多聰明人顯然都認為自己會賺進大筆大筆的金錢。

群眾型FOMO就在這時發揮了影響。有錢有權的人才能大聲說話，因此這些富有聲望的人物雖然沒有一個具有科學底子，卻仍成功拉攏其他勢力強大的人，進行投資或宣傳。群眾出現後，福爾摩斯接著利用稀缺性價值，讓潛在投資者在只獲得少少資訊的情況下，就把錢匯入。此外，她也很小心地避開擅長這個領域的專家投資者，像是備受尊崇的創業投資公司，因為這些公司與該產業的專家合夥，沒有經過謹慎的調查與評估，不會輕易投資。如果問太多關於這個「專利性極高」的技術的問題，你就會被踢出去。除了成功募得資金，Theranos還設法與喜互惠超市（Safeway）、沃爾格林連鎖藥局（Walgreens）等公司建立起具轉變性的合作關係，同樣是靠FOMO實現：這兩間公司都等不及成為她的獨家合夥人，讓自己的領導團隊成為英雄。令人訝異的是，他們在自己的分店安置這項技術，卻完全沒有事先證明該技術的真實性！

後來，福爾摩斯的計畫因為實行得非常完美，進而創造了自我強化的循環。她利用投資者和董事會吸引到CVS藥局和喜互惠超市等新的夥伴，接著再利用這些合作關係為公司招來更多錢財、人才和話題。這批極為強大的群眾彷彿有了自己的生命。福爾摩斯愚弄了所有人，並曾在最光榮的時候，登上富比世的全美四百富豪榜。然後，裂痕開始出現、技術失敗了，群眾的成員也總算開始提出疑問。他們發現自己被騙了。福爾摩斯一旦開始走下坡，便走得很快。在短短一年間，她的淨值從四十五億美元一路落到幾乎一毛也不剩[6]！她肯定很囧。

Theranos醜聞從很多方面來看都是前所未見的，但是FOMO在這間公司的發展歷程中所扮演的重大角色，卻不新鮮。錯失某件事情的恐懼當然不是進行投資的強大理由，卻能讓平常很理智地倚靠新創公司賺錢的人變成一群粗魯的FOMO人。這我能理解。在我的創業投資生涯中，無論是投資自己的錢或是替創投公司工作，有時也會遇到FOMO潛入理智的狀況。我就投資過一間由曾是拉美搖滾巨星的人所創立的新創公司，在整個合作過程中，他好像完全變了個人。我真希望當初錯過了這個投資，因為那次垮台的速度是破天荒的快。每次只要我允許FOMO取代我的邏輯思維，我就必定虧錢。我透過慘痛教訓學會了一件事：FOMO會讓你投資不熟悉的產業、跟不熟悉的人合作。

ＦＯＭＯ會說服你將判斷力交給群眾——尤其如果這些人很有聲望的話，而不是自己做功課。這樣做只會造成災難。

你不可能永遠違抗重力

就算ＦＯＭＯ始終讓你無動於衷，你也會遭遇批評。假設你是一個理性明智的投資者，遇到可以投資的機會時，卻只說了一句「不用，謝謝」。雖然你說這句話的理由很正當，但是看著朋友賺大錢，自己卻只能旁觀，那種感覺很痛苦，也可能招致許多批評，特別是投資群眾的每一個人所給你的批判。在一九九九年，《巴隆週刊》（Barron's）發表了一篇文章〈怎麼啦，華倫〉（"What's Wrong, Warren"），譴責華倫・巴菲特沒有投入網際網路的泡泡。我想，《巴隆週刊》今天一定很想把那篇文章深深埋進土裡。文中說到，巴菲特太過時、「保守，甚至已經成了過去式」，因為七十歲的他不懂科技產業。[7]此文不僅帶有年齡歧視，還指責人稱「奧馬哈神諭」的巴菲特錯過了很多機會，因為他只投資自己懂的產業。他們說得沒錯，他的確錯過了……接下來數年那斯達克最終大跌百分之八十七的慘況。巴菲特的故事告訴我們，想長久成功，你應該固守自己熟悉的領域，根據分析結果、而非感性來進行投資。

雖然你的小心謹慎最後會證實你是對的，就像巴菲特一樣，又或者讓你不會去投資像Theranos那樣的公司，但有時候，還是會出現失誤。你可能拒絕了一個職場機會，最後發現那能創造很棒的成果，但享用果實的人並不是你。計算別人賺了多少錢絕不會發生好事，更何況是那些當初可能為你所有的錢！如果不想陷入嫉妒或懊悔的心情，你就必須換個方式重新看待整個局面。不管你過去獲得多少次的成功，務必記住你不可能永遠違抗重力。因此，想要克服FOMO有一個重點，那就是要接受你有時候就是會錯過一些很棒的機會。當然，說得比做得容易，所以像貝塞麥創投夥伴（Bessemer Venture Partners）這樣的創投公司才值得尊敬。他們除了在網站上列出成功的投資案例，像是史泰博辦公用品連鎖店（Staples）和LinkedIn，還特別強調了「反面投資組合」，列出了本來有機會投資、卻沒有這麼做的公司名單。例如，說到Google時，貝塞麥寫到：

大衛・考恩（David Cowan，譯者註：貝塞麥的投資者之一）的大學朋友在第一年時把車庫租給謝爾蓋和賴利。在一九九九到二〇〇〇年間，這位朋友試圖將「這兩位正在寫一個搜尋引擎的絕頂聰明史丹佛學生」介紹給考恩。學生？新的搜尋引擎？考恩問了這位朋友：「告訴我，我要怎麼在不靠近你車庫的情況下，走出這間房子？」[8]這是貝塞麥的反面投資組合中最重要的一個時刻。

這間公司錯失的重大機會，不只Google一個。事後想想，臉書後來的崛起或許更令他們痛苦。當時，Friendster這個陽春的社群網站在二〇〇〇年代初非常火紅，但是到了同一個年代的末期，已經不再活躍：

傑瑞米・李維（Jeremy Levine，譯者註：貝塞麥的投資者之一）在二〇〇四年的夏天，為了躲避一位哈佛大學生愛德華多・薩維林（譯者註：臉書的共同創辦人之一）鍥而不捨的推銷攻勢，閉關了一個週末。最後，在午餐時間排隊時被逼到絕境的他，給了這位年輕人一個睿智的建議：「孩子，難道你沒聽說過Friendster嗎？別再想這種東西了，都玩完了！」[9]

貝塞麥點出這些錯失的機會、計算失去的數百萬（甚至可能數十億）美元，不僅展現了幽默與謙虛，也證實他們完全接受一件事：即使是最聰明的投資者也沒辦法看出所有的投資良機。事實上，為了在真正有投資的那幾間公司身上投注足夠的時間與資源，他們必須非常專注、果斷地行動，並且常常拒絕其他機會。越是能夠這麼做，越好，雖然有時難免會有一些絕佳的機會因為錯判或現實考量而從指縫間流失。貝塞麥接受這個嚴苛的事實，甚至公開頌揚之，進而將恐懼從自己的文化當中移除，改以常識取代。諷刺的是，這間公司的透明化舉動大受好評，使得反面投資組合現在成了許多創投公司網站的標準組成之一。這些模仿貝塞麥的公司加入了反面投資組合的群眾，雖然擊敗了一種FOMO，卻又被另一種FOMO打敗。

受到FOMO驅使的行動方針，不只會影響矽谷那些金色泡泡的投資決策，也會導致領導者質疑自己的想法、造成公司企業失去方向。就跟投機泡泡一樣，科技變遷也會影響公司在市場上的運作和定位。幾乎像是一夕之間發生的一般，過去佔支配地位的玩家開始遇見突然崛起的新人、曾經很有創意的點子變得陳腐，恐慌與不確定感取代了安穩。正是在這些時候，公司行號開始飽受FOMO之苦。為了找到前進的到路，他們舉目四望，努力採用任何方法跟上。他們試圖違抗重力，最後卻墜回地表。因此，亞馬遜推出了最終宣告失敗的亞馬遜火機（Amazon Fire Phone）、百事可樂研發了水晶百事可樂（Crystal Pepsi），而長島冰茶公司更名為長島區塊鏈公司（Long Blockchain Corp.），宣布要更改發展方向，成為加密貨幣的玩家。火機和水晶百事可樂很久以前就失敗了，從市場上消失；長島冰茶公司的股價則漲了近三倍，促使角子機公司和果汁公司在內的數十家公司跟進，加入試圖轉換跑道往區塊鏈發展的群眾。結果成效不彰。一年後，長島區塊鏈的交易量掉了百分之九十七，被那斯達克解除上市資格。全世界第一間兼營冰茶和區塊鏈的公司告訴我們一個教訓，那就是FOMO並不是一個好的投資策略。

第七章

FOBO：與成功背道而馳

「只要不做出選擇，所有的事情仍然都有可能發生。」

——《倒帶人生》

如果你的父母小時候會念童話故事給你聽，那你一定有聽過經典的〈三隻熊的故事〉，描述一個金髮女孩擅闖民宅的經歷。但，我還是先講一下故事內容，以免你生長在一個沒有三隻熊的家庭。有天，一個女孩在森林裡看見一座小屋。雖然沒有人來應門，她還是決定自行進入，把那裡當成自己家一般。

金髮女孩進到屋子裡後，發現餐桌上有三碗粥，第一碗太燙，第二碗太冰，只有第三碗恰到好處，於是她便大快朵頤了一番。接著，她在三張椅子之間選來選去，發現一張坐起來太硬、一張太軟、一張剛剛好。最後，經歷這些FOBO之後，她覺得累了，便在三張床當中最舒服的那張床上睡著了。單單一個下午的功夫，金髮女孩留下了許多殘局。她吃過每一碗粥、摔壞了一張椅子，還把臥室弄得一團糟。三隻熊回到家後，自然很是生氣。牠們嚇跑金髮女孩，從此以後再也沒看過她。

長大後重讀這則故事，我找到了兩個很清楚的重點。第一，金色頭髮的女孩真的過得比較精彩。第二，這位金髮女孩的FOBO受到自戀心理、選擇過多以及不願屈就的心態所驅使，讓她成了一個十足的混蛋和罪犯。她那天在小屋裡做出的每一個選擇，都反映了她把自己的短期慾望和目標看得最重要，不在乎這些行為會對無辜的熊家庭造成什麼影響。她重視利益，而這種行為也為她帶來後果。做出對自己最好的行為，在當下感覺雖然很棒（而且顯然也很累

人），最後她卻必須付出代價。

要是FOBO的嚴苛代價只發生在童話故事裡，那就好了。然而，FOBO在現實生活中也會出現，下載約會Tinder就知道了，因為這款app打從一開始就是在利用人們對於選擇權價值的慾望。如果你從來沒用過Tinder，請讓我解釋一下它的運作方式：這款app會根據你的所在位置，提供無限多的潛在浪漫對象，出現一張新的個人檔案照片時，你可以選擇往右滑，表示你願意跟對方聊聊，或者是往左滑，表示你沒感覺。整個過程只要兩秒鐘就能完成，所以如果手指特別靈活的人，每隔幾分鐘就能瀏覽數十張潛在對象的照片。

手機電力如果只剩一格，你還是可以花好幾個小時拒絕潛在的約會對象，直到找到你覺得值得往右滑的人。你不需要投入其中，甚至連說話也不必說，穿著內褲坐著就能一直滑。很浪漫吧？現在，把這種約會態度用在生活中的大小事，包括職涯、友誼、感情和事業上。如果你像對待出現在Tinder動態的那些人一樣對待職場上的人，無論是同事、供應商或客戶，你的職涯都肯定會受到永久的傷害。

就拿我朋友來當個例子。姑且就稱這位朋友為艾力克斯吧，他痛恨自己的工作，希望能在同一個產業中找到另一份工作。此外，他也很想離開紐約，搬到歐洲的某個地方居住。巴黎是第一首選，因為他有家人在那裡，但是他也願意前往歐洲幾乎任何一處。他就是想離開目前的工作。進行數個月的各種面試之後，他終於應徵上倫敦一間公司的工作。他很喜歡這份工作；這份工作除了不在巴黎這點之外，符合他的所有其他條件。他問自己：「我應該往右滑，還是往左滑？」

那天晚上，艾力克斯背水一戰，努力想把這份工作變成位於英吉利海峽另一端的更優質選擇。上床睡覺前，他FOBO發作，寄信給一位住在巴黎的朋友，詢問對方應該如何利用現在得到的工作，換得另一個位於巴黎、條件相等的職位。隔天早上醒來後，他打開電子信箱，才發現自己鑄下大錯。他驚恐地坐起身子。他沒有寄信給朋友，而是把信寄給了前一天剛給他工作的未來老闆！他收到的回信非常簡短，而且一點也不友善：「你有二十四小時的時間可以決定是否接受這份工作，否則我們不會再請你來上班。」

艾力克斯雖然被抓包，但是他也極為幸運。很多雇主都會選擇直接撤銷原本的決定。有哪間公司想要成為別人的備胎？艾力克斯看著信箱裡的最後通牒，才意識到FOBO戰勝了他。他差點搞砸一個非常好、接近理想的選擇，若是剛開始找工作時，他一定會欣然接受這份工作。他這麼做，十分魯莽。艾力克斯馬上接下了倫敦的工作，也不敢像一般談薪水那樣，要求在正常情況下他會想要提出的待遇。開工後，他還在想自己的行為會不會為他在這間新公司帶來任何後果——他可以說在上任前就已經開始試用期了。但他永遠不知道這個問題的答案。

FOBO如何改造勞工市場

當然，成為他人的備胎不是只會發生在工作面試中。這種心態會漸漸滲透到生涯發展的每一個層面，最後變成你職涯的決定性特色。在一項二〇一八年的調查中，LinkedIn發現有百分之六十八的受雇者在做職涯方面的決定時會感覺到FOBO，並有百分之十七的人說，自己在職場上最大的悔恨，就是沒有堅持一點，等待「夢想工作」出現。LinkedIn在一篇部落格文章中發表了這些發現，描述FOBO在職場上發揮的影響：

試想，公司剛給你一個新的職務，甚或是你獲得了一份全新的工作。起初，你很興奮，但是後來，你開始思考會不會有更好的選項存在。「這個工作對我而言夠理想嗎？要是我能找到薪資更高、不同的職稱、彈性更高、還能在家作業的工作呢？」這下子，你做不了決定了。其實，你正經歷FOBO——更好選擇恐懼症，而且你不孤單[1]。

表面看來，LinkedIn很像是一個社群網站，但它其實創造了一個全新的商業模型，使人們在職場方面出現FOBO傾向。這是因為，這是人們找工作的主要管道，有將近八成的雇主會利用這個網站填補職缺[2]。每次登入LinkedIn，你就會被各種職缺、獵頭私訊以及關於職涯變動和升遷等動態所轟炸。有些功能顯然是設計來要給你FOMO的，但卻也會吸引到你的FOBO。LinkedIn已經慢慢變成職場上的Tinder，只要你不滿意目前的工作或決心要改變，你就會花好幾個小時尋找更好的選擇。此外，它也會引起許多擔憂與焦慮，而這對找到夢想工作一點幫助也沒有。

FOBO對就業市場的影響不只侷限在LinkedIn的場域。此外，FOBO也是零工經濟的主要動力之一，促使自由業變成許多人選擇的職涯道路。零工經濟造就了一整個世代的數位遊牧民族，他們可以在任何地方工作，從一份工跳到另一份工，不走在一條既定的道路上。這項變遷對美國勞工市場造成很大的影響：在二〇二〇年以前，預估有超過四成的美國人會成為自由業者[3]。當然，這些人並不是全部都是全職的自由業者，所以這個數字還需要再進一步分析。有一部分的人是利用零工來補充全職工作的收入，或是在待業期間創造收入來源，但也有很多人——數百萬人——選擇自行開業，開創自己的事業。通常，這會形成一種組合型自由職業，將各種不同的活動串接起來，組成自己的「工作」。如果你想親眼看看這個現象，可以到WeWork這類的共享辦公空間或世界各地任何一家咖啡廳走走，問問人們整天都在做些什麼。

有三個趨勢引發了自由業革命。第一，網際網路讓這些充滿彈性的工作安排成為可能。第二，終身職務的消失，直接造就了自由業的發展。過去由法律、金融等產業創造出來的那些享有名譽、容易預測的職涯選擇，已經消失了，迫使許多專業人士離開辦公人生，進入諮詢的角色。最後，很多大型公司開始轉向自由業為主的勞力模式，以填補團隊空缺、提高生產力、在不需要提供標準福利的情況下獲得人才。

組合型自由職業雖然可以帶來一些顯而易見的好處，諸如彈性、自主，當然還有薪資本身，但這麼做卻也可能引發FOBO，就像一頭披著羊皮的狼。

你永遠不需要全心投入在一個工作中，你想要擁有多少選擇權價值，就能擁有多少，而且你可以自由自在，不受到企業文化中把那些工作殭屍壓得死死的枷鎖給拖累。「自由」業就如其名，非常自由，但是這也可能會要你付出代價。彈性這個概念本就充滿變數，而且你還得不斷去尋找下一個案件，才能預測未來的收入來源。此外，你也不太可能參與自己為客戶創造的價值。你或許設計了超優秀的logo、寫了超強大的程式、想出了超聰明的行銷策略，但是你所獲得的回饋只到薪資袋為止。你無法獲得升遷、加薪、股份等企業用來長久報酬員工的各種福利。選擇權價值很好，但是卻沒辦法給你買房所需的頭期款或替你的車子加油。

教你如何失去朋友，又沒對任何人產生影響

FOBO與職涯的關係並不是單方向的。FOBO可以形塑你的工作態度，但是你的工作也會影響你是否擁有FOBO。假如你的事業很成功，工作帶給你的閱歷和獎勵以及這些東西創造出來的選擇豐沛環境，最終將會反過來影響你。諷刺的是，許多產業都能接受FOBO造就的行為。在法律和金融

等專業中，堅持到最後也不做出行動，會被視為一種很強硬、很有效的談判策略。如果知道怎麼把這變成一種武器，你就可以爬得更高，在口袋裡裝滿這個方法替你賺到的銀子。這就是事情變得特別危險的時候了。你在職場上越常運用FOBO，在生活中的其他層面使用FOBO時就會感到越自在。曾經被認為很自私、不仁慈或甚至愚蠢的舉動，變得越來越普遍、令人自在。這是個惡性循環。私生活的FOBO養大職場上的FOBO，職場上的FOBO又更加強私生活的FOBO，如此無限循環。

一切都很順遂、你的手中握有籌碼時，這還能維持得住。但，假如你丟了一份很好的工作，或者你的公司遭到合併或倒閉，導致你手上的選項一夕之間消失了很多，你就會開始從FOBO權力平衡的另一頭觀看這個世界。當你從英雄變成狗熊，發現身邊的每一個人都在跟你說「早就告訴你了」，你也很難再繼續自戀下去。在這種時刻，你會發現一些看似簡單的真理其實說得沒錯：不管你的人生多麼順遂，你總有需要他人施捨好心腸的時候。如果你之前沒有贏得他人的好，或者是浪費了別人對你的好，就別期望善意會在你會需要的時候出現。

當FOBO不再只是談判的策略，而是變成人生的策略時，它會傷害你的人際關係，造成嚴重長遠的影響。如果你一直延遲做決定的時間，期望這個世界可以配合你，你身邊的人一定會注意到。剛開始或許不會。剛開始，朋友和職場上的人脈或許會願意容忍你的行為。他們會想：「畢竟他是個大忙人」，或者說：「她手上有很多事要忙」，給你很多台階下。他們會通融你，雖然你不值得他們這麼做，但是沒有人在斤斤計較。可是，等到下一次、再下一次、再下一次，事情就會出現轉變。他們終於看出你行為的本質。

這樣來看，FOBO其實就像長期欺詐。短時間內你可以隨心所欲，但是到了某個時候，你身邊的人就會發現你究竟在做什麼。最終，一直容忍你FOBO的人會發現你的自私自利，看清這對他們產生的影響。除非他們完全不懂得自愛或是沒有那個權力，否則他們絕不會再繼續讓你這樣對待自己。這就是忠誠的員工跳槽到競爭對手的公司、值得信賴的伴侶決定離開、忠實的供應商或客戶終止合作關係的原因。摧毀寶貴的關係，還只是FOBO造成的眾多負面影響其中的一個。這種行為不僅會傷害到關係，也會傷及各種規模的組織所下的決定。

猶豫不決股份有限公司

ＦＯＢＯ不僅會感染到你的性格、改變你的行為，還會直接影響你在大大小小的組織中處理日常事務的方式，無論這些組織屬於企業、公司或政府機關。ＦＯＢＯ會降低生產力，完全是致勝策略的相反。事實上，ＦＯＢＯ可以說是「反」策略，達到的效果跟一個好的策略能夠做到的事情完全相反。它會透過以下三種方式削弱你的氣勢、限縮你的效率：1.分析癱瘓；2.因為不願打破現狀而扼殺創新；3.留在原地而不引領向前。跟ＦＯＭＯ兩相結合後，ＦＯＢＯ造成的猶豫不決與停滯不前更是嚴重。

陷入分析癱瘓的泥沼

做決定不是一件簡單的事，就算只是每天都會面對、一如往常的那類決定。你必須相信自己做的功課，接受自己無法預測未來的現實。若不想面對失望、後悔、難以避免的權衡或甚至是失敗，完全不做決定自然會比較吸引人。當你想方設法要消除未知或增加更多選項，最終只會涉入分析癱瘓的境地。更具體地說，ＦＯＢＯ會創造出一種等待的文化，先等待下一份報告、下一個里程碑或下一次董事會，再決定是否行動。然而，在某方面，FOBO與分析癱瘓可能被視為明智的行為。再確立前進的方向之前，做足功課、設想無數的可能狀況、盡可能地創造選項，這種做法誰會說是不對的？唯有在後來錯失良機或落後的時候，你才會發現自己動作太慢了。

以銷售額超過六百五十億歐元的頂尖汽車製造商奧迪為例[4]。奧迪每年的研發預算超過四十五億歐元，但是這不奇怪，畢竟這間公司的口號是「透過科技達成進步」（Vorsprung durch Technik）[5]。然而，奧迪雖然擁有強大的工程技術、忠實的客戶及充足的經濟資源，在發展電動車這方面卻趕不上同業的腳步。一位汽車產業的記者在文章中寫到了這場慢動作車禍造成的嚴重災難：

> 其他汽車公司（以裕隆為首）三、四年前就開始堅決地製造、販售電動車，如今銷售成果驚人。但是，奧迪還在研究這項議題。在……洛杉磯國際車展（將一直展到十一月二十七日），奧迪展示了全電動的A3 e-tron車型，並稱之為「科技研究」[6]。

現在看起來，這段出自二〇一一年的評論算是很溫和的。沒錯，你沒看錯。奧迪的第一代電動概念車雖在二〇〇九年的法蘭克福車展展出，但是該公司的高層沒有投入設計，也沒有擬定生產時程表或行銷計畫。十年後的今天，在這場未來汽車產業的爭奪戰中，完全不見奧迪的蹤影。結果是，猶豫不決的代價持續累加，輕輕鬆鬆就能達到數十億美元的利潤與成長卻不復存在。「透過科技達成進步」只是說好聽的。

奧迪的災難是典型的FOBO案例。這間公司花了太多金錢、時間與資源在想到底要如何設計、推行一項產品。它研究了市場、生產了概念車，接著空轉了好幾年，期間就連像特斯拉這樣的新秀以及通用汽車和裕隆等老手都超越了它。等到奧迪真的將技術商業化的時候（如果真有這麼一天的話），風險已經高到天邊去了。

大數據的來臨，更容易造成分析癱瘓。由於儲存資料的成本越來越低，數據科學也越來越成熟，大數據市場現在已經突破兩千億美元[7]。單單過去這兩年所產生的數據，就比整個人類史所產生的數據還要多[8]。這些新工具雖然為決策者帶來了明顯的進步，卻也使他們的工作變得更為複雜。畢竟，海洋越大，越難撈到針。這個趨勢繼續加速發展，公司行號就會想要蒐集更多數據，人們甚至預期他們這麼做。同時，他們也會付出更多資源，在行動之前量化所有可能的風險。因為這種事是不可能做到的（除非你有時光機），他們只會無限期地延遲決策，或完全不做出行動。

這對企業活動來說特別會產生問題。創新時，你永遠無法確定哪一個選擇才是對的，因此你一定要研究手上的選項，選擇一條道路，然後堅定地往前進，並願意承擔後果，必要時也要能夠改變方向。被那些理論上可以告訴你答案的數據給淹沒時，你會很想要繼續無限制地咀嚼數字，而沒有實際做出行動。問題是，在做一件沒人做過的事情時，不管手上有多少數據，你還是無法預測未來。如果你是個時間與資源都有限的企業家，落入分析癱瘓的陷阱將是你最糟糕的錯誤，可能以後也沒犯錯的機會了。

追求優化，不願創新

沒有人可以透過不斷優化來做出一番偉大事業。優化可以使你更有效率、砍低成本或進行重組，而這些在經營事業的旅途中，都有可能碰到，但是不願放棄選擇權價值、無止盡地優化分析，是沒有辦法幫助你改變世界或開闢新蹊徑的。這樣做，只會讓你不願改變現狀，即使過了很久情況都沒什麼改善。領導者必須要能清楚地說出一個願景，這樣追隨者和團隊才有辦法加入計畫、貢獻一己之力、參與攜手合作之下獲得的成果。

有一間聲望很高的美國公司，其執行長曾在《紐約時報》寫了一篇流傳甚廣的文章，呼籲員工要自己掌握自己的命運，在晚間和週末花時間修習線上課程，才能發展新技能，不在職場上落於人後[9]。他警告他們，如果不跟上，你的未來就跟公司的命運一樣難以預料。

這番話不是出自臉書創辦人祖克柏、IBM董事長羅睿蘭或特斯拉執行長伊隆・馬斯克之口，而是AT&T的執行長蘭德爾・史蒂芬森（Randall Stephenson）所寫的。這間看起來地位很穩固的財富五百大公司，擁有近三十萬名員工。輕鬆的辦公斯工作，只是空談而已。當全美最大的公司之一期望員工在空閒時間修習線上課程來培養技能時，就表示局勢發生了重大的變化。史蒂芬森想讓員工團結起來改造AT&T，是可以理解的：這間電信龍頭想要留在市場上，跟亞馬遜、Google等科技巨擘競爭，靠的就是人。

有頭腦的公司都明白這點。不創新，就會被生吞活剝或成為化石。大型企業雖然努力想要鞭策員工擁有創業家的精神，但是成效並不顯著。二○○○年被列為財富五百大的公司，在科技的進步下，有百分之五十二已經破產、被收購或停止經營，遭到摧毀、洗牌與重建[10]。在接下來的十年內，變遷的速度只會有增無減，現在的財富五百大預期將有分百之四十會消失[11]。

擁有FOBO的人將選擇權價值放在一切之上，連帶地使得他們領導或工作的組織也變得如此。這意味著，他們必定無法創建新事物。如果你把這個世界看做一塊固定不變的披薩，而你唯一的目標就是要優化每一個決定，以確保自己得到最大、最好的那片披薩，你是不可能創新的。要創建新事物、顛覆產業、挑戰現況，公司及其領導人必須創造動機，讓人願意擔負風險、嘗試新鮮事物、甚至勇於失敗。如果這間公司的文化受到分析癱瘓、兩面下注、過度優化所淹沒，就不可能做到這些事，因為這樣只會導致停滯不前，一切照舊。

FOBO是企業思維的對立面。

因為FOBO，新創公司才能超越大型企業。因為FOBO，Netflix擊敗了Blockbuster，亞馬遜取代了美國的許多傳統零售業者。當既有的公司在做無止盡的研究、開無數次的會議、發展數不盡的成長潛力或重建計畫，新創公司就能趁機從背後偷襲，超越他們。這些新創組織行動的速度很快，而且充滿自信堅定。他們使用數據來承擔計算過的風險值，而不是利用數據做為多開幾次會、多諮詢幾個人或是自己靜滯思維的藉口。由於新創公司擁有的時程較短、資源也有限，因此沒有時間或金錢可以讓他們有別的選擇餘地，如果不果決一點，就玩完了。

原地不動的領導人

無論是在政府、軍隊或商業的情境中，領導人都必須評估眼前出現的挑戰，確立已知和未知的事物，接著擬定前進的方向。即使面對不確定性、風險以及錯失某個選項或放棄某個機會的可能性，也一定要果斷。這才是領導者的標記。少了這些特質，就無法進步。

FOBO會大大阻礙決策的過程，但是如果跟FOMO兩相結合，更會造成什麼都不敢做恐懼症（Fear of Doing Anything，FODA），帶來悲劇性的後果。當嘗試做到每一件事的渴望（FOMO）跟把所有選項保持開放的需求（FOBO）碰撞在一起時，就會出現這種狀況。如果你得到了FODA，就會同時被兩股力量往兩個方向拉扯。一部分的你很想做這個、做那個，追求那些你認為比當下所擁有的東西還要好的事物；但同一時間，你又無法下定決心做出任何選擇。你不確定該往哪個方向，並且痛恨只能擇一的概念。結果，你就像是在原地繞圈，哪裡也去不了，還會累到自己。你無法領導、專注和投入，就這樣被打入決策的煉獄之中。

有趣的是，開始使用ＦＯＤＡ這個縮寫後，我發現有些語言本來就有這個字。在巴西大喊ＦＯＤＡ，要小心使用情境，因為這在當地是一種髒話，是個非常恰當的巧合。我最近也發現，這個字在中東地區還有一個更貼切的意思。說出ＦＯＤＡ這個字，大部分的中東人會以為你在說「fauda」（阿拉伯文：فوضى），意思是「混亂」。ＦＯＤＡ為患者本身及其周遭的人帶來的，正是混亂。

在過去這幾年，我們可以看到ＦＯＭＯ和ＦＯＢＯ聯手出現在世界舞台上，影響了英國脫歐這起國際事件。在公投之後，英國民眾以些微差距選擇欲脫離歐盟的選項。英國首相和議會自此陷入一場痛苦且常常給人超現實感的混戰之中，力圖將人民的心願化為行動。由於這項議題極其複雜，長期效應不明，再加上政治的種種現實因素，議會就跟一般人一樣也出現了各種恐懼症。

英國選民前往投票所支持脫歐，有一部分的動力是來自ＦＯＭＯ。資訊不對等迫使他們認為，脫離歐盟能夠帶來經濟與政治上的好處。脫歐派利用認知與現實之間的落差，操弄不正確的資訊與民眾的情感，動員了一票支持者，贏得公投。脫歐的日期定在二〇一九年三月，讓英國有兩年的時間可以協調相關事宜。然而，脫離歐洲產生的政治現實，跟民眾所接收到的認知有著很大的差異。但，雖然認知有時候真的會騙人，立法者還是得想辦法兌現FOMO的承諾。許多計畫和法規雖然已經被提了出來，但是全部都要求一定程度的妥協。這在政治界並不稀奇，可是面對這些必要卻艱難的選擇時，英國領導人選擇的是FOBO，而不是行動。

隨著二〇一九年三月的期限漸漸逼近，英國必須決定是否要在無協議的狀態下脫歐，但是人民選出的國家代表卻選擇不採取任何可能的行動方針。他們決定等待比現有的選項還要好的東西出現。FOMO與FOBO發生碰撞，三月的期限也過了，他們唯一做出的行動就是多次要求延期，就好像把不能避免的決定往後延，事情就會神奇地出現變化。歷經三次大選、三次延期及兩位首相，議會終於在二〇二〇年初通過脫歐法案。

諷刺的是，時間一點一滴流逝，英國議會面臨實施脫歐所帶來的挑戰，卻沒有去尋找最佳的解決方案。在沒有優勢、沒有時間的情況下，重點被轉移到損害控制上。世界上最偉大的審議機構之一在面對有史以來最重要的議題時，竟然沒辦法做出決定，大挫了這個國家的銳氣。難怪超過八成的英國人認為自己的國家處理脫歐議題處理得很糟[12]。時間會告訴我們這個不幸的局面最後將如何收場，但整個過程無疑對英國政體造成的很大的創傷。

脫歐事件顯示，沒有人會讚揚猶豫不決的領導者，尤其是當事情會影響全球的時候。擁有FOBO的領導者從本質上來說是自私的，絕對不是無私。他們只專注在保全自我、減輕風險，在擔心他人之前先顧好自己的需求，並希望使短期目標獲得最大成果。這套指導方針雖然很有可能奏效一陣子，但是長期來說就難以預測了。FOMO迫使你做出不理性的決定，同時避免冷酷艱難的現實；FOBO創造風險規避與停滯的文化，最終導致領導者出現空窗期。一個自私的領導者離開了（無論他是自願還是被迫下台），就像一艘船失去了舵。

誰會想要追隨一個擁有FOBO的領導者，特別是如果他們自己就很有能力又充滿野心？英國前首相德蕾莎・梅伊肯定知道這個問題的答案。在脫歐期限延了第二次之後，人們對她的領導能力失去信心，使她被迫辭去首相一職。以這棘手的狀況來看，她可能不是最後一個因為FOBO丟了飯碗的政治領導人。

Part 3

不要怕錯過其他選項，選擇你真正想要的

「什麼是自由？就是當一個人擁有為自己負責的意志。」

——尼采

第八章

擺脫恐懼的束縛

「因為害怕錯過，我錯過了許多。」

——《牧羊少年奇幻之旅》作者保羅・柯艾略

自一八八〇年以來，幾乎每一位美國總統都曾在總統辦公室或自己的私人書房內使用過「堅毅桌」。關於堅毅桌是怎麼來到白宮的，背後有一個很有趣的小故事。一八五四年，英國皇家海軍的船艦堅毅號因受困加拿大北冰洋結凍的海水之中而遭棄船。沒想到，十六個月後，一艘美籍的捕鯨船撞見一艘被遺棄的戰船，在浮冰中往一側傾斜著。就是堅毅號！它往東漂流了一千哩，毫髮無傷地穿越巴芬灣，飄向格陵蘭[1]。成功解救堅毅號之後，美國國會從找到它的人手中買了這艘船，拿出資金進行所有必要的修復，接著還給英國女王。堅毅號退役後，其木料被建成數張桌子，維多利亞女王將其中一張送給美國總統拉瑟福德·B·海斯，以表謝忱[2]。

這個故事雖然傑出地展現了美國的力量，卻沒有傳達一個總統真正該有的特質。情況恰恰相反。這艘船被凍在原地，接著被洋流帶著走，漂浮了一年多，最後被一艘比它小得多的船給拯救。聽起來是一位領導者最可怕的夢魘。這種違和感讓堅毅桌很適合用來比喻所有的領導者面臨的各種試煉。能夠坐在堅毅桌前面的那些人，不一定都是果斷或明智的。他們跟我們一樣都是普通人，也會犯錯。要成功，他們得時時戒慎恐懼，抵抗跟隨潮流或延遲行動的衝動。此外，他們也必須懂得放低身段尋求協助。他們必須很努力地做到果決這個目標，因為他們知道自己的決定會影響數百萬、乃至於數十億人。沒有任何一張書桌可以讓這個任務變得比較簡單，就算是放在白宮總統辦公室的書桌也一樣。然而，我想特別提到一件事，那就是尼克森自行選擇不使用堅毅桌。或許這就是為何他會惹上麻煩吧。

學習果決

在這個部分，我們將鎖定在FOMO和FOBO的成因，並探討一系列的對策，幫助你控制這兩種恐懼症，最終讓它們不再發揮影響。你將展開一場全面性的戰役，橫跨到職場與私生活。由於這兩個曾經互不相干的場域現在越來越融合為一體，如果想要成功，你就必須採取全面性的行動方針。開始做了以後，你很快就會發現，克服恐懼症沒有什麼祕訣。超越這些恐懼症的關鍵，你要先能夠發現、指認它們，接著再用大大小小的方法對抗之。好消息是，這是做得到的。書中提供的對策非常實用，你從今天就可以開始實施。不論你現在得到多麼嚴重的FOMO或FOBO，抑或兩者皆有，只要能夠持之以恆，你很快就會發現自己也有資格坐在堅毅桌前面。

有了明確的目標，就可以開始把它化為行動。為了克服恐懼症，甚至利用恐懼症來獲得益處，你一定要斬草除根，徹底改變你下決定的方法。畢竟，擁有FOMO，就表示你決定要去擔心自己是否錯過了什麼。這是做與不做的決定，是成為牛羚或不要成為牛羚的決定。同樣地，FOBO也是因為難以克服做決定的恐懼才出現的。你是否能夠接受一個沒有達到你所有條件的選項？兩面下注讓你感覺舒適許多，但你是否能夠堅定內心，果敢行動？最後，你是否準備好檢視自己的行為是如何影響自己與他人？

如果這一切聽起來都很可怕，別擔心。猶豫不決一直都是傷害職涯、公司、甚至是國家的兇手，這一點無庸置疑。但，雖然這會帶來持續性的風險與挑戰，並不表示這無法克服。你可以學會如何逃離FOMO的陷阱與FOBO造成的困境。要達到這個目標，你一定要果決。成功是什麼感覺？就是自由的感覺。當你找到力量選擇你真正想要的東西，鼓足勇氣錯過其他所有的選項，你就能夠擺脫猶豫不決的束縛以及什麼都想要的衝動。雖然你會刪掉許多選項、錯失很多潛在的體驗與機會、讓人生中可能做到的事情數量減少，但是你的整體視野會變得更好。你會變得更輕鬆，自由地邁向未來，沒有遺憾。最重要的是，當你學會果決，你就能擺脫恐懼的束縛。

這就是FOMO和FOBO常常被人忽略的一點。它們其實都跟恐懼有關。大部分的人都是使用縮寫，所以不會講到「恐懼」這兩個字，但恐懼一直都在，躲在光天化日之下，不管你有沒有意識到。由於受到了恐懼的驅使，這些行為的本質就不會是理性的。當你想起來，恐懼和其他情緒是你一切感受背後的推手，事情就會開始變得不一樣。沒人想要活在焦慮與恐懼之中，所以我們才要挺身而出，向它們宣戰。

打仗不能一個人打，你需要一支軍隊才能在激烈的戰鬥中活下來。我自己在對抗這兩種恐懼症時，便建立了自己的專家軍隊，以獲取新見解，釐清自己的觀點，使觀點變得更多樣。我為了自己的播客（podcast）節目《FOMO人》以及這本書，訪問了許多有趣的人物，其專業領域橫跨理論與現實生活的應用。他們之中包括一位神經學家兼佛教冥想老師、一位擁有工商管理碩士學位的心理治療師、一些企業家、一位天主教神父、幾位創業投資人士、一位擅長數位身心健康的專家、一位研究心理學家、我媽、一位社群媒體專家、一位兩性關係專家、一位行為設計學家，甚至是一個十二歲的小孩！這些人全都加入了這場以自由取代FOMO和FOBO的戰役，而你現在也要一起來。

當信念遇上專注

現在，你知道我們的目的地是「果決」，當然會想問下面這個問題：要怎麼到達那裡？學習果決是個多階段的過程。首先，你得訓練自己辨識、診斷出恐懼症，接著了解你是如何受恐懼症擺佈，影響自己的決定。好消息是，在本書的前兩個部分，你已經做到這點了。現在，你可以專心地：**一、選擇你真正想要的**，以及**二、錯過其他所有的選項**。你要採取兩個基本行動來征服FOMO與FOBO，並且使用一套特定的策略對付每一個恐懼症。現在，你就可以開始學習，馬上練習：

1. 關於「選擇你真正想要的」，你要知道什麼對你才是重要的，學會安排各目標的優先順序，接著做出相對應的行動，讓自己達到目標。當你能夠全心投入在「應該」做的事情，而不是執著於「可以」做的事情，你的人生就會充滿信念。信念同時是FOMO（想要選擇全部選項）與FOBO（什麼都不想選）的解藥。第九、十、十一章會聚焦在這個目標。

2. 關於「錯過其他所有的選項」，你要時刻注意那些會影響你決策、奪去你信念的誘因、分心事物和行為。不管你有多努力，這個事實是現代生活不可避免的，也是身為人類必須面對的。因此，你必須不斷地努力專注在真正重要的事情上，並放棄其他所有事物。第十二章會教導你如何朝這個目標邁進。

在FOMO和FOBO的影響下做出果決的行動，跟其他類型的決策所需具備的心態不同。對付這兩種恐懼症時，你是要在每一個都很好的既定選項中取捨。這跟「你寧可」遊戲不一樣，不是要你面對一些恐怖的假設，像是：「你寧可被活活燙死，還是被巨蟒吃下肚？」你不是要找出最不可怕的選項，而是要試著從許多非常不錯的選項之中選一個。只有在你什麼也不想選、選項開始一一溜走時，事情才變得棘手。所以，你不能拖延。你必須從手邊眾多可行的選項當中堅定地做出選擇，接著全心堅守你的決定。

在後面這幾章，你會學到如何堅定地行動，以專注取代容易分散的注意力，但是你也必須面對自己的心魔。即使你已下定決心要果決地生活，當初阻礙你的那些力量並沒有消失，仍然會從四面八方發動攻擊。積習多年的FOMO和FOBO有可能使你變得自滿。當猶豫不決成了一種習慣，甚至給人舒適感，改變就會讓人很不愉快。如果你很容易被群眾吸引、受分析癱瘓所苦或是受制於現況，自然會抗拒改變。因此，你將學會運用的策略是極為實用的。實際性是恐懼的天敵。憑著常識挑戰新事物，就能夠比較容易接受、實踐之，取得明顯的進展。你幾乎可以馬上感受到這麼做的好處，進而受到鼓舞，持續努力下去。

成為一個果決的人，不僅能改掉具毀滅性的行為，還能提高生產力。秉持著信念與專注做事，你會為自己解鎖很多好處。不管你怎麼看待恐懼，它就是一種浪費大量時間和精力的東西。當你不再需要對抗這些恐懼，你會以很快的速度及很高的效率過生活，遠遠超出你的預期。就像一位頂尖運動員或傑出藝術家，你將脫離業餘者的行列，提升自我表現，因為你付出的努力、時間與精力可以得到比以往更多的成果。

我的姻親達娃洛斯・費縈（Davalois Fearon）是住在紐約的舞蹈家和編舞家，如果你看過她的表演，絕對會被她極有效率的舞蹈動作所震撼。她憑藉著力與美的完美平衡來舞動身軀，不浪費任何一個動作。這是一個良性循環，精簡的動作與統一的目的兩相結合。這也是齊準與完美實踐的核心，透過多年的練習與努力才有辦法達到。請把同樣的精準度應用在你的行為準則中。當你行動果決，每一份努力都會對整體策略有所貢獻。你的決定越是向大目標靠齊，你的每一個行動所能達成的越多。決定若能「對齊」目標，你在不受傷的情況下獲得成功與實現的機率就會提高。透過練習與專注，你將創造一個良性循環，產生更好的結果，對家庭、事業和群體付出更多貢獻。最重要的是，你能盡情享受開車的樂趣，因為你不再只是乘客。

這時候，你可能正在問自己，要怎麼練習這些策略才能加以掌握？關於這個問題，我有好消息要告訴你。每天，你都有數百、甚至數千個做決定的機會，只是嚴重性有大有小。雖然大部分的決定都是下意識完成的或者不太需要思索，但是有一些則會引發猶豫不決。現在，你可以好好利用這些時刻，當作跟FOMO和FOBO搏鬥的機會，從親身經驗中學習。接著，你可以進一步磨練技巧，使摩擦最小化，生活不至於顛三倒四。漸漸地，你會越來越進步。最後你會發現，你做的決定跟以前非常不一樣。你也是在慢慢為一些更重大的時刻做準備，屆時才能果決行動，發揮意義深遠的影響。這樣來看，做決定就像鍛鍊肌肉，鍛鍊得越多，你就變得越強大。只要堅持下去，有一天你會對自己刮目相看，舉起從來不相信自己能舉起的重量。

現在就開始吧。FOMO和FOBO是高度成癮的行為，所以就跟其他成癮症一樣，承認自己有問題是戒斷的第一步。這個意思是，你必須學著找出自己的恐懼，並且承認你擁有這種恐懼症。除了書中所做的診斷測驗，你也必須仰賴常識。如果你覺得自己每天都在做許多改變生命的抉擇，那就要注意了。因為，除非你是國家領導人或重症病患的醫師，否則人生不該這麼複雜。你只是浪費了時間、體力和腦力在不是很重要的事情上。

然而，如果你能輕鬆地駛過人生中相對平靜的風浪，遇到風暴就比較有可能安然度過。你要怎麼形容堅毅號都可以，但是絕不能說它沒有韌性。正是這項卓越的特質使它與眾不同，吸引了世界領導者的注意力。在一百五十年後的今天，它的傳說依然備受讚譽。在下一章，你會發現開始征服恐懼症最好的方法，就是要先學會應付生活中的小抉擇。一旦做到了這點，你就會具備強韌的心理素質，碰到真正具有重大影響的事務時，便能擁有堅定的信念。

第九章

不要糾結小事情

「人生是由許多經常遭到忽略的平庸決定所堆疊而成。」

——美國音樂人大衛・伯恩（David Byrne）

偉大的領袖因其果斷的性格著稱。想想那些改變歷史軌跡的人物，如亞伯拉罕・林肯、黑人民權主義者蘿莎・帕克斯（Rosa Parks）和甘地。這些傳奇人物每一個都曾經面臨重大抉擇，在面對個人或職場的風險時，仍勇於做出決定。倘若他們那時列出了一大串優先選項、躊躇動搖過，或沒辦法下定決心，就不會留名青史了。但是，他們沒有這樣。他們果決地行動，進而帶動一波變革，重塑了自己的社會。

人們評斷這些領導者時，雖然是依據他們所做的重大決定，但是他們其實也做了無數個規模較小的決定，沒有人注意到（但應該受到關注）。如果連平庸的議題都處理不好，如果連小事情也要糾結，你就不會有正確的心理素質可以處理真正能發揮影響力的事務。這並不是說，你不應該注重細節。賈伯斯經營Apple的方式就是出名地一絲不苟，但是他的長處是，他知道哪些細節是重要的，哪些不是。比方說，產品設計的美學對他而言至關重要，但他自己的穿衣美學就不是了。他每天都穿黑色套頭、藍色牛仔褲和紐巴倫球鞋，這樣就能挪出時間專注在更重要的事情上。對某些人來說，每天挑選要穿的衣服是一種自我表達的形式，但是賈伯斯認為這不重要。

如果你有FOMO和FOBO，你在大事和小事上都會糾結。無時無刻。糾結於大事是可以理解的，但是當你的每一個決定都是如此糾結，你只是在把人生變得不必要地複雜。然而，即便你知道這個決定肯定是微不足道的小事，在一個選擇過多的環境中，這也沒辦法給你多大的安慰，因為有太多科技、生物、社會和文化方面的因素會觸發恐懼症。要保持簡單純樸很難。例如，想到亞馬遜買一對鞋帶，就有超過兩千個品項可以選！住在一個提供過多選項的世界裡（就連最堅決的鞋帶買家都會不知所措），這只不過是你必須克服的其中一個日常難關而已。

根據風險高低設定優先順序

要對付FOMO和FOBO，你必須確定自己真正想要的是什麼，才能抵擋令你分心的事物。這個問題表面上看起來很簡單，但是讓人吃驚的是，大部分的人鮮少會停下來思考自己真正想要的東西。不只是重大的抉擇，每天都會面對的那些無傷大雅的小決定也常常是如此。

因此，學會果決的第一步就是要聚焦在小事上。我是快速致勝的忠實信徒。想要一下子快速致勝很多次，最穩當的方法就是先學會應付那些浪費時間、引起不必要的壓力、容易使人分神的小決定上。這麼做，你將大大簡化自己的生活。如果你能迅速做好這些例行的決定，就能增加自信，強化你的肌肉記憶，在面對更大的風險時，就能更堅定地做出行動。有個問題自然會浮現：要怎麼區分微不足道的小事以及需要花更多時間和精力思考的大事？這就跟優先順序有關了。

你有沒有過這樣的經驗：工作了一整天，忙著回應無數封例行性的信件，結果發現代辦清單上最重要的項目都沒完成？雖然知道應該要處理更重要的事情，你卻忍不住清理自己的數位世界，因為這樣感覺比較有在做事。這樣來看，清理收件匣這個看似無害的舉動可能暗藏陷阱。看起來感覺好像是工作的一種，但其實是被掩飾得非常好的拖延形式。無論是電子信箱還是婚姻生活，只要把注意力放在不那麼重要的議題上，就會沒有時間、精力或耐性來處理更重要的大問題。因此，可以盡量快速而平靜地完成瑣事，是很重要的。

弗雷德里克・多倫蒙席（Monsignor Frederick Dolan）常常幫助人度過生命中最重要的事件，問他就知道了。多倫蒙席跟一般的神父不太一樣，他擁有工商管理碩士學位，曾在美林證券當過證券經紀人，之後才成為天主教神父。現在，他是加拿大主業會的神父。基於這種工作性質，經驗告訴他，在面對真正攸關生死的時刻，沒有人會出現這兩種恐懼症。所有的焦慮和躊躇都會消失，只剩下透徹和清晰。因為看過太多類似的狀況，他建議教友不要等到下一個危機出現了，才把重要的事放在第一位。多倫引用方濟各教宗的話來強調自己想要傳達的訊息：「拒絕轉瞬即逝、沒有深度、信手拋棄的文化，因為這樣的文化假定你沒辦法承擔責任，面對人生的重大挑戰！」[1]

安排優先順序的關鍵，就在於要知道自己是怎麼看待人生中所面臨的每一次遲疑。每次覺得自己又卡關了，就要根據手上的選擇會帶來的風險來安排順位。你必須先把重要的東西和日常的瑣事加以區別，而實際的做法是，決定某個議題屬於下面這三類的哪一類：高風險、低風險或無風險。一旦弄清楚風險是什麼，就能制定出適合的對策，克服猶豫不決。

這個議題有什麼風險？

- 高風險決定：這種根本上的策略性決定會造成重要且可能扮演決定性關鍵的中、長期影響，如果想要成功，就非得把這些決定做好。然而，我們無法確定怎麼做才是最好的，因此必須有系統地謹慎思考。
- 低風險決定：這些決定會反覆在生活和職場上出現，跟每天都一定會發生的事件有關。雖然有點繁瑣，但是這些決定卻是必要的，像是火車必須準時抵達、商品得出現在架上、花花草草要澆水等。遇到這種事情時，不是隨便決定什麼都行，因為這是有正確答案的。事實上，答案有時不只一個，所以最困難的地方在於選擇其中一個答案，不再隨意改變心意。
- 無風險決定：完全沒有能力撼動世界的決定，例如「我該穿什麼顏色的衣服？」或「今天要不要出去跑步？」這些是生活中的微小細節，沒有錯的答案。這些就是你可以、但不應該花時間思索的決定。

此時，你或許會想，三個類別怎麼可能就足夠歸類所有的決定？你可能也會問自己，為什麼沒有更多類別，像是中風險、有點高的風險或半低風險的決定？這正是這項練習的重點。如果必須把決定分成二十五類，那就永遠不會進步。你的目標是把決策過程變得簡單，不是變得更複雜。

此外，原本就做得很好的部分，不要再去更動。無論你有沒有意識到，其實你每天都做了數千個成功的決定，否則你連早上起床都會有困難。有時候，下定決心是一件很直觀的事情，因此決策的過程就會感覺很容易控制，甚至像是例行公事。你甚至可能不會感覺到自己做了一個決定，因為你是憑直覺做的。然而，卡關時，不管真實的嚴重性是如何，所有的事情感覺都變得重要無比。風險感覺很高，直覺不復存在，讓你只會感到巨大的壓力，要做出對的選擇，得到完美的結果。這項決定帶給你壓力，不讓你在做出決定後感到心滿意足。正是在這個時候，你的決策過程變得不必要地複雜。

這種情形一定要中止。你的目標是把腦中的想法簡單化，不是把它變複雜。離開決策過程，設立優先順序，就能移除情緒的成分。你很快就會發現，大部分的決定其實都沒有那麼重要，不值得你感到那麼大的壓力。積極地把低風險和無風險的決定從高風險決定中區分開來，你就可以將佔據了大腦皮層的難搞房客給趕出去。

當然，我們要記住，一個人認為屬於低風險的決定，對另外一個人來說可能很重要。假如你是總統候選人，要決定大選之日前的最後一場辯論該穿的服裝，就需要花很多時間好好思考究竟該穿什麼顏色的衣服；假如你在準備馬拉松，挪出時間跑步對你的訓練進度很重要。但，這些只是例外，不是常規。對大部分的人而言，這些事並不重要。

根據風險將決定分門別類時，你有時候或許會出現疑惑。每一類別的定義都不可能完善，因為在你行事曆上列出的活動實在是太多元了。所以，你才需要二度檢驗。當你把一個決定歸類成低風險或無風險決定後，你還要再問三個問題，就像個簡單的意志力測試，讓你能堅定地執行下去：

1. 你會一下就忘記了這個決定嗎？一個星期（無風險決定）或一個月（低風險決定）後，你是不是會忘記自己有做過這個決定？
2. 這個決定對金錢、時間或者對自己及他人產生的影響是否並不重大？

3. 無論結果如何，你是否能堅守自己的選擇？

假設這些問題的答案都是肯定的，那麼這個決定顯然就屬於低風險或無風險的決定。本章接下來，會告訴你如何一次解決低風險和無風險的決定所引發的FOMO和FOBO。反之，如果上述這些問題的答案有一個是否定的，那麼你面對的就是高風險決定。由於重大的議題本就有一定的複雜度，在這些情況下，你就需要個別處理FOMO和FOBO。第十章和第十一章會教你怎麼做。

專注在重要的事情上，忘了不重要的事

你是否曾經捫心自問，為什麼你沒辦法做出不重要的決定？或許你曾納悶過，造成這項困難的源頭是什麼？了解背後的成因固然很有趣，但這不是本章的重點。誰在乎你為什麼不能在雞肉和魚肉之間取捨？趕快決定就對了。如果是無風險或低風險的決定，原因並不是那麼重要。

要改變做事情的方法、打破舊習慣，你必須先下一個乍看之下好像違反直

覺的決定：你不可以深入探討造成你猶豫不決的潛因，因為這麼做會花費你大量的時間和精力，引發你最糟糕的衝動。如果你習慣舉棋不定，仔細檢視自己的心靈只會使你拖延更久。這並不是要貶低理解自我動機的價值。如果可以知道是什麼導致你猶豫不決，你就更知道要怎麼解決問題，這是很合理的假設。你之後要做的就是這件事，但現在要先緩一緩，等到後兩章談到高風險決定時再進行分析。高風險決定的影響比較深遠，所以花時間和精力去思考行為背後的成因，是可以接受的。

面對低風險和無風險的決定時，你要把事情變得很簡單，而不是落入分析癱瘓的陷阱裡。你要專注在行動上，以同樣的方式對付這兩種恐懼症。記住，你是要把珍貴的腦容量奪回來，不是要在大腦裡容納更多吵雜又不懂得尊敬的住戶。從現在開始，你的主要目標就是要停止浪費時間，轉移到更重要的事情上。越快轉移，越好。

藉由外包打敗恐懼

走到生命盡頭時，你絕對不會去想：二〇一四年五月要是沒有住萬豪酒店，而是選擇威士汀酒店就好了。但，當年預訂飯店時，你可能掙扎猶豫了很久。這就是FOMO和FOBO可惡的地方，在當下的情境中，這些決定感覺都好重要，很難讓人理性思考。這就顯示了你為什麼一定要找到方法脫離情緒和自我懷疑，別讓恐懼綁架直覺，使你陷入泥沼。

最有效的方法，就是你自己不能參與決策的過程。畢竟，你就是把這些元素注入自己思維的那個人。你一離開，所有的不理性成分也會消失。由於低風險和無風險決定的影響有限，你不需要厭惡風險或試圖掌控大局。你已確定這些決定你一下就會忘記、造成的影響不重大，而且最終的結果無論如何你都可以接受。「趕快決定就對了」會帶來的輕鬆感，遠遠超越花時間選出最佳的選項可以帶來的好處。更何況，你已經卡關了，誰知道你得花上多少時間才選得出最佳選項！因此，離開決策過程，讓別人（或甚至是宇宙——馬上就會講到）替你做決定，對你比較好。所以你要做的，就是「外包」決策。

外包指的是公司或個人聘請外部供應商來提供一些以前他們都自己來的服務。你們可能是個忙碌的家庭，或者是一間跨國企業，需要使用外包這個策略來尋求協助、獲取新資源，進而解決問題。選擇外包的同時，你也是在計算自己該如何分配時間與注意力：你雖然可以自己做這些事，但是你決定請別人幫你做，因為可以減少成本，增加效率。這就是為何，大部分的大型公司都會將客服業務外包。過往的經驗告訴他們，如果自己執行這些工作，成本較高、效率較差，所以他們選擇找第三方。

當然，如果這些公司將時間和金錢投資在自己的客服人員身上，他們絕對有可能將客服業務留在內部。只要人員和資金的組合湊對了，或許會得到一樣好、甚至更好的結果。但是，他們知道這麼做會導致分心，不值得；這不是最有效的時間利用方式。如果選擇效率和一個絕對理想的選項，不去追求完美，投資報酬率會比較高。這樣一來，他們就能把資源用在報酬可能更高的計畫上。

同樣的道理也可用在你身上。把珍貴的時間和資源投注給生活中的小決定，雖然有可能帶來稍微好一點的結果，但是投資報酬率卻很低。稍微改善低風險或無風險的決定，不會造成多大的改變。所以，你也應該學會外包。你要尋求外部資源來突破困境、提高效率、降低決策成本。

無風險決定：問手錶

如果一個決定完全不會造成任何影響，那麼無論什麼結果都是可以接受的，因為沒有所謂錯的答案。唯一可以犯的錯誤，就是浪費超過一分鐘做出決定。你必須選擇一個選項，然後篤定地完成它。你當然可以徵求他人的意見，但是你只會浪費更多時間等待回覆。除此之外，如果連這麼小的問題都需要尋求他人的建議，身為領導者的你將會失去信譽。畢竟，如果連小事也處理不好，遇到更大的風險時，怎麼會有人信任你？這種兩難的局面有一個解套的方法，但是你的心胸必須開放一點。你要把命運交給宇宙，或者，更準確地說，交給手錶。

我在念大二時，我的朋友法蘭切絲卡傳授了一個觀念給我，一直到今天我都還很受用。有一天，我在宿舍糾結一件很愚蠢的事。那件事實在太微不足道了，我完全想不起來是什麼讓我的大二人生變得這般苦惱。大概是類似這樣的事情：「我是要先念書再吃飯，還是先吃飯再念書？」是的，大學時期的我有著複雜又備受折磨的心靈。

看著我苦惱了二十分鐘左右，法蘭切絲卡丟了一條救生索給我。她叫我

「問手錶」。確切的方式如下：首先，把決定縮成一個簡單的「是／否」問題或二擇一的選項，也就是封閉式問題。例如，你可以問自己：字型大小要設在11還是12？或者：我應該在這間餐廳還是那間餐廳跟客戶吃晚餐？你允許自己思考幾個可能的結果，但是把選擇縮小到好應付的少少幾個，任一個都是可接受的。接下來，你把「是或否」、「A或B」這兩種可能各分配到錶面的某半邊，例如「是」對應到右半邊，也就是秒針走到1和30之間的時候，而「否」則對應到左半邊。分配好了，就低頭看看時間，照著手錶告訴你的答案做。如果你沒有手錶，可以使用手機，把選項分配給奇數分鐘和偶數分鐘。必要時，也可以將錶面分割成三個、四個或更多等分。看手錶比擲硬幣還要好用的原因，就是你讓自己有彈性，可以多增加幾個選項。

自從我開始問錶後，我發現做出微小、不重要的決定再也不會浪費腦容量或卡路里了。事實上，我覺得很寬心。怪的是，智慧無窮的手錶好像一直知道我想要的是什麼。這也是個讓生活變得有趣一些的古怪習慣。我總是很小心地把問題限制在不至於改變人生的決定，而我也從來不曾違背手錶的指示。我不知道選擇飛機餐的時候如果違背手錶的決定，會發生什麼事，但我也不打算探究。然而，我確實曾經在低頭看錶時，發現秒針恰巧走到30或60的位置，表示手錶自己也出現了恐懼症。遇到這種情形，我會等幾分鐘後再試一遍。第二次就一定會得到明確的答案。

低風險決定：委託他人

跟無風險決定不一樣，低風險決定確實有正確解答。合理的行動方針其實有很多個，只是造成的結果差異不大。經驗和知識使你有能力辨識這些選項，接著你便可以設定參數，確立可接受的結果應該是怎麼樣。所以，你本來就能夠在不尋求幫助的情況下輕鬆解決大部分的低風險決定。然而，恐懼症有時候會使過程變得過於複雜。即便你找到了幾個絕對合理的選項，有時你還是無法從中做出選擇。遇到這些狀況時，FOMO會讓你什麼都想做，而FOBO會使你什麼都不敢選，以免最後的結果不是最好的。

跟無風險決定一樣的是，那些時時會碰到的低風險決定讓你有機會外包決策過程，擺脫浪費時間、分散注意力、引起內心控制狂的那些事務。但，遇到低風險決定時，腦力激盪是必要的，因為這些決定的結果不是完全沒有影響。這時，你就要委託身邊的人代替你做決定。你可以給他們封閉式問題，但也可以提出開放式問題，只是要設定好參數，立下界線，做為決策指導。例如，不要問「我們應該進行這項分析，還是那項分析？」而是問「你能不能提出一個適當的分析，讓我們決定這項計畫可不可行？」接著，做決定的人就能運用你所設下的參數，找出可接受的選項，推薦給你。或許，他們還會提出一個你沒想過的做法。

仔細想想，你會發現身邊一直都有可以協助你的人。若是在職場上，可以找的人包括同事和行政職員，而在工作以外的場域，你可以找伴侶、家人、朋友等你相信會對你誠實以待且永遠把你的福祉放在心裡的人。這些人組成了你的「小隊」。雖然聽起來好像很基本，但是如果你有這兩種恐懼症，你可能不會想到要利用這項珍貴的資源來幫你做出低風險決定。倘若你深陷於決策的情緒成分，你可能會忘記自己可以尋求幫助，突破猶豫不決的癥結點。尋求幫助是必要的。

我剛進入職場時，我的第一個上司蘇珊・席格（Susan Segal）教導我委託授權的重要性。當時的我是拉丁美洲地區的創業投資者，我們的團隊一共有十人，要負責數十億美元和數十項投資計畫。任何一天，團隊成員分別會在紐約、布宜諾斯艾利斯、聖保羅、墨西哥市和邁阿密工作。在規模這麼小又這麼分散的組織裡，要完成的事又這麼多，你不能期望有人可以提供協助。不管名片上的職稱為何，你都必須捲起袖子，挺身向前，貢獻一己之力。任職數週後，蘇珊要我上飛機，設法將投資組合裡的其中一間公司打進市場，募集幾百萬美元的資金。我不知道，原來我早已成為她的「小隊」隊員之一。當她下了這道指令時，我很驚恐。她為什麼要讓一個二十三歲的分析師負責這麼重要的工作？

蘇珊第一次要我踏出舒適圈時，我雖然很訝異，但類似的事情在我為她工作的三年之中發生過不只一次。我很快便發現，她授權給團隊裡的成員，迫使他們承擔風險，並要他們負起責任。此外，對當時的我來說看似重責大任的事情，實際上算是風險相對低的。蘇珊很會做自己的工作，能夠看出失誤或判斷不佳的時刻。她不需要親自上陣，就知道我們有沒有做出資訊充足的決定。我們會向她提出有好有壞的點子，接著她會跟我們一起作業，根據自己的經驗來引導我們。她唯一不能接受的，就是做事優柔寡斷，沒辦法認真周全地付出心力處理每天出現的問題。公司的文化要求我們堅定地行動，不允許任何恐懼症。

蘇珊將低風險決定委託他人辦理，讓自己有更多時間與自由可以處理落在她肩上的高風險決定。相信團隊成員（畢竟是她決定聘請我們的）能夠做好份內工作，也是幫了她自己一個大忙。當我們閱歷增加，就能給她更深刻的見解和更好的建議。這個方法為蘇珊帶來好處，但是同時我也發現，不斷授權給我的她，其實也是在訓練剛出社會的我要變得果決。她是一位無私的領導者，並因此讓我們所有人都獲利。

把任務外包給你的小隊，有很多好處。誠如蘇珊教會我的，你可以得到更多時間處理更重要的議題。如果你是一個控制狂，總是糾結於低風險的決定，那麼在要求高的工作環境中，你永遠無法成功。領導者一定要懂得委託授權。第二，你可以培養一個果決又有自信的團隊，成員不會害怕行使判斷力或擁抱自治權。當然，不是所有的決定都同等重要，因此當風險比較低的時候，你也可以授權給經驗較少的成員，讓他們練習決策。別忘記，在你看來是件小事，別人可能覺得是重責大任，像是資淺的員工或學齡的孩子。允許他人負起責任，他們就能培養信心，接下應付得來的工作，並從成功和失誤中學習。你就像是免費給他們上了一堂學會果決的課，將自己以前收到的恩惠再傳給下一輩。

但是，當你委託他人時，記得一定要設定基本參數，給他封閉式或開放式的問題，並且讓雙方的溝通管道暢通無阻。如果他們也難以做決定，你的引導就能賦予他們關鍵的支持力量或輕輕鞭策他們一下。另外，不要同時委託好幾個人。面對低風險決定，你只需要徵詢一個人的意見即可，再多就太複雜了。如果真的想請求一個以上的人幫忙，可以請他們提出共同的建議。

委託他人不一定只能發生在職場，在人生的其他層面上，也可以使用相同的策略。如果你很糾結約會地點該選哪裡、面試要穿什麼、新買的沙發該擺哪裡，那麼離開決策過程對你是最好的。接受現實，承認自己會花太多時間與精力做出選擇。此外，你也要接受自己在某些決定上並不是專家。所以，你必須借用他人的腦袋。

每個人都有很會穿搭、知道所有新開的餐廳，或是能為日常生活的難題提供明智建言的朋友。由於這些人不是你的員工，單純授權委託是沒用的。當你發現自己陷入僵局時，你要請小隊中擅長該主題的專家協助，因為他們最能解決眼前的問題。此外，你要做好心理準備，採納、履行他們的建議，才不會為了一件不值得投注這麼多努力的事情無止盡地來回商討。這麼做有一個附加的好處，那就是你可能會被迫脫離自己的舒適圈。請求他人的專業協助後，提出一個開放式問題，有助於你學習新事物，享受尋求幫忙帶來的好處。別忘了，你自己也很擅長某些事物，所以當小隊隊員需要你的幫助時，可別忘了報答他們。自己做決定的時候可能會產生恐懼症，但是幫別人的時候通常會容易許多，因為這些決定影響的是別人，所以你可以比較客觀、比較理性。

本章列出的策略雖然可以使你更有效率地做出決定，卻沒有深入核心，處理猶豫不決背後的成因。不用說，風險比較高時，你就會需要不同的方法。你顯然不該靠手錶給你答案，而委託他人也只是在逃避本分。你必須深入思考、蒐集數據，接著憑藉理性、嚴厲和經驗來做出決定。你必須站出來，成為決策主角。

下面兩章會說到，遇到高風險決定時，你就得花時間思索讓你無法果斷行動的原因。此外，你也必須個別對付這兩種恐懼症，先處理FOMO，再應付FOBO。兩種恐懼症的本質不一樣，所以要克服它們，必須運用另一套策略。從源頭開始解決，你就更能理解自己卡關的原因，建立起知識庫，等到下次又碰到同樣的問題時，這些知識將對你產生很大的幫助。

第十章

FOMO不存在於領導者身上

「成為偉人的祕訣就是猶豫躊躇。」

——從來沒人這樣說過

擁有FOMO的人，總是繞著別人公轉，沒有待在自己的星系中央主位。在FOMO發作時，好好檢視釋放出來的情緒，就能清楚看見這點。本來，你可能只是在做你的事、過你的生活，結果突然間，砰！FOMO爆發。你因為聽到、讀到、看到或想到某件事，於是開始糾結自己錯過的東西。接著，在無預警的情況下，參照焦慮也出現了。你把心思轉移到引起FOMO的那件事情，同時也是在下意識貶低手上擁有的一切。你沒有感恩身邊所有的好事，而是專注於當下缺乏的事物。

FOMO讓你產生一些可能根本與現實不符的期許，使你覺得自己的生活過得不夠好。原本就擁有的跟希望能擁有的東西之間若存有落差，會造成負面情緒、壓力和痛苦。花越多時間累積這些情緒，事情就變得越糟，因為現實永遠不可能跟你的想像力比。如果允許參照焦慮放肆胡鬧，你就等於是把資訊不對等化做武器，用來攻擊自己。落入這樣的陷阱，會導致你連面對一些不重要的議題，都無法堅定信念，處理高風險決定時，更會釀成重大傷害。

在重要的事情上想要控制FOMO，你一定要先解決認知與現實之間不一致的問題。這麼一來，你就可以救回自己的直覺，重新根據事實進行思考，而不是做出不理智的決定。讓我們再回顧一次先前提到的兩種FOMO類型，找出系統化的解套方法：

1. 抱負型FOMO：以資訊不對等造成的認知落差為基礎，相信某樣東西或某件事情比當下眼前所擁有的還要好。
2. 群眾型FOMO：受到對歸屬感的渴望以及覺得自己好像錯過了什麼、一定要參與其中的想法所驅使。

在這一章，你將學著運用一個結構明確的決策過程，讓抱負型與群眾型

FOMO威力大減，進而在不受影響的狀況下做決定。你將培養出一套決策技巧，無論是在這一章或下一章對付FOBO的時候，都能加以運用。

消弭抱負型FOMO造成的資訊不對等

在黑暗的中古世紀，要是你生病了，就等著準備面臨一場慘不忍睹的遭遇。治療方法根據你的身體狀況而有不同，可能包含下咒、水蛭放血、水銀丸及動物糞便軟膏。更恐怖的是，如果你有偏頭痛或憂鬱傾向，醫生會在你的頭部鑽一個洞，露出大腦的外層[1]！在當時，科學十分不發達，無法提供安全的療法，醫護人員都是靠信仰和迷信來解釋醫學上的漏洞。幸好，研究與實際經驗早已取代這些做法，現在只要是有一點信譽的醫生都不會想到要使用這些方法。

這就是擁有實際經驗的妙處。實際經驗賦予你力量、防止你做出不智之舉，讓你根據數據行使判斷力，不是憑藉臆測、感性或盲目的信仰。這並不表示你就不能相信未知的事物或讓情感掌管大腦。有些事不能以事實為根基。情感方面的事務永遠都會有感性成分存在，宗教方面的事務也永遠都是以信仰為基礎，這些都不用說。然而，對抗FOMO的時候，你不會希望運用猜測和推想，就像你生病時不會想在頭上鑽一個洞。因此，你一定要想辦法根據冷酷、可觀察得到的事實來行動。

觸發FOMO的因素可能有很多種，但是它們引起的情緒都是一樣的。你看見某件你非得去做不可的事或某樣你非得擁有不可的東西。接著，你開始出現各種感受，像是渴望、懊悔、嫉妒、壓力，甚至是挫敗，因為抱負型FOMO上身了。但，你絕對不會感覺到百分之百的確定感，知道自己究竟錯過了什麼。還沒嘗試過，你怎麼知道自己錯過什麼？除非你有預知能力（這也是中古世紀的醫療從業人員喜愛的治療方式之一），否則你所想的跟現實世界所發生的事物之間，一定會有很大的落差。縱使你是在處理一件你很熟悉的事務（比如說，你以前曾做過類似的事），但你又怎能保證這次的結果會跟你所想的一樣？這時，你就必須做決定。你是要用白日夢、猜測和感性來填補這個落差，還是要用事實填補？一旦你將資訊置於猜測之上，你就開始握有掌控權。

前面已經看過，創業投資者的職業性質要求他們必須持續對抗恐懼症。如果FOMO迫使你投資每一樣東西，你很快就會變得跟一群牛羚沒兩樣；如果FOBO讓你無法投入任何決定，你注定沒辦法做出行動，永遠只能當個旁觀者。為了克服這些衝動，厲害的投資者會遵循一個清晰又容易重複的流程，讓他們可以累積堅定行動所需具備的知識。

因此，你從現在開始必須擁有投資者的思維。仔細想想，你其實已經浪費了很多時間與精力在FOMO上，沒有得到任何報酬。何不轉個向，把這些資源用在更聰明的投資上？當然，你不會成為一個受到FOMO驅使的牛羚投資客，拿別人的錢下注，或是錢多到不在乎賠了本錢或原則。你會縝密地思考，因為這是你的時間、金錢和精力，不是別人的。開始之前，你應該先了解一些基本的規則，它們會在你學習的路途上引導你：

遇到高風險決定時如何克服FOMO

- 保持開放的心胸：不要深陷引起你FOMO的因素而無法自拔，也不要預設結果。
- 分辨重要的事物：設下標準，判斷這件東西是否符合你的目標。
- 信賴事實，不依靠感性：做決定之前先彙整足夠的數據。

- 從多種來源蒐集數據：不要自己作主。從身邊的人、甚至不是最親近的人那邊獲取資訊和建議。

現在，了解核心原則之後，我們可以開始消弭高風險決策過程中會出現的FOMO。

第一步：確立自己想問的問題

第一步是要清楚地表達讓你出現FOMO的選擇或機會。這是蒐集數據、建立標準的關鍵。花一點時間釐清思緒，盡可能直接而簡潔地說出自己想要獲得解答的問題，例如：「我應該去加州的工作面試嗎？」或「我應該辭去工作，自行創業嗎？」

第二步：為你的問題設立標準

做出任何決定前，你都得設下參數，才能判斷某個機會是否達到你的要求。你必須設立一些基本的標準。盡量列出簡明的標準，並確保包含以下五個關鍵問題：

1. 我能把這個選擇正當化嗎？我可以列出至少五個我想擁有這樣東西或者做這件事的好理由嗎？
2. 我能負擔得了這個選擇嗎？這需要花費多少錢？我還可以拿這些錢做什麼？
3. 如果做了這個選擇，我會不會犧牲其他更重要的目標？我有時間做這件事嗎？我還可以如何投資我的時間和精力？
4. 如果做了這個選擇，會有明確的投資報酬嗎？它可以讓我得到什麼？有形的東西、情感方面的東西，或者兩者皆是？
5. 我真的有辦法實現這個選擇嗎？這個機會是我可以把握的嗎？還是我應該把注意力轉移到同樣好且更實際的機會？

第三步：蒐集數據

克服抱負型FOMO的關鍵，就在於思考過程中要移除情感、連結數據和分析。投資者若想知道一個投資機會有沒有符合她的標準，她會進行所謂的「盡職調查」。這其實跟準備考試差不多，你希望把這個主題讀熟，熟到教授如果要你上台教授全班同學，你也沒問題。進行盡職調查時，你必須問一些很硬的問題、盡量蒐集資訊，並試著消弭影響判斷力的資訊不對等。這麼一來，你就不是一個人作主。你會接觸其他人——特別是擅長相關領域的人，以擴張自己的視野。但要注意，徵詢幾個好的參考來源即可，否則你可能只是在拖延時間，卻以為一直有進展。

第四步：化成文字

想調查的都調查好了以後，現在我要再傳授投資界的一個招數給你。投資者進行盡職調查時，會把他們的發現寫成一份備忘錄，接著根據這些資訊做出小結論和建議做法。你雖然可以在腦中回答上述的問題，但我要你把答案寫下來，做成你自己的盡職調查備忘錄。把想法化為文字有兩個明顯的優點：第一，書寫讓你把想法變成實體，你會被迫思考自己的邏輯是否正確。答案想好了，寫在紙上立刻就會變成具體的東西，你也比較不會想要改變主意。第二，這份備忘錄可以做為以後參考用。如果你決定把時間、精力或金錢投資在使你產生FOMO的那件事，之後可以回來看看你是如何分析的。知道這次盡職調查和決策過程的效率高低，下次就能改進。

第五步：做出初步的判斷

我哥哥曾經給我一個很寶貴的建議：人活在這世上，唯一可以控制的東西就是對周遭事物的反應。完成盡職調查，接著在你的思考過程中加入一定程度的準確，你就能掌控大局。你盡可能地消除資訊不對等的狀況，以做出資訊完備的理智決定。如果你想不到去那家公司面試的五個好理由，那就別去；如果你沒有資金或時間可以創業，那麼你就知道自己應該慎重考慮。你的心可能還是很想去追夢，但你的大腦知道目前不可能做得到，所以應該忘了那件事。就算你沒辦法肯定地回答所有的問題，仍然會比完全沒問所獲得的資訊還要多。此外，如果你不能回答這些基本問題，那你就必須付出好幾倍的努力，才能填補認知與現實之間的落差。

現在，你可以根據自己做的功課，下一個初步的結論。如果你的結論是否定的，那一切就結束了。你的努力已經讓抱負型FOMO失去效力，沒有必要再繼續下去。然而，如果你還是不確定，或者你覺得結論是肯定的，那麼你就可以接著進行決策的第二個部分，問自己最後一個關鍵的問題，向群眾型FOMO說掰掰。

最後再檢查一次，別落入群眾陷阱

小時候，父母、老師和流行文化總是一而再、再而三地提醒你要做自己、找到自己的出路、不要屈服於同儕壓力。幾乎每部迪士尼電影都是在講這個。《小美人魚》的愛麗兒、《美女與野獸》的貝兒、《可可夜總會》的米高，全都克服了那些不看好自己的人，脫離群眾，學著做自己。你媽很有可能也向你傳遞過同樣的訊息，透過以下問題來提醒你要做自己：「如果某某某從橋上跳下去，你也會跟著跳嗎？」雖然必須鼓足勇氣，但你確實有把她的話銘記在心。就連做自己很困難的時候，你還是會努力，而你也知道，跟別人不太一樣、做自己的事，是沒有關係的。

所以，FOMO竟然一下就可以毀了你的心血，真的很諷刺。不知不覺，努力了很久想要逃離群眾的你，竟又回到了群眾之中。此外，現在你所面臨的風險比以前更大。年輕的時候，你受到DJ和啦啦隊隊長的擺佈；這一次，操縱你的是公司、名人與網紅。他們想要你的錢、你的心思、你的讚，而且為了得到這些東西，也願意來陰的。你認為自己是他們的追蹤者嗎？我可以跟你保證一件事：他們絕對這麼認為。這就是跟隨群眾的問題所在。你沒有在做自己該做的事，而是把注意力放在其他人在做的事情上。你會做出完全不符合自己本色的決定，無法全力以赴走在內心的羅盤告訴你該走的道路上。

最糟糕的情況、最悲慘的目的地，就是一件根本不是你真正想要的東西也能引起FOMO。你從別人——無論是社群網紅或是生活周遭有能力左右你想法的人——那裡得到暗示，導致判斷力受到蒙蔽。得到了一件你以為自己想要的東西，卻還是感覺很不快樂，這樣的結局真的很淒慘。因此，要對付FOMO，只處理抱負型FOMO是不夠的。做出任何高風險決定之前，你一定要再問自己一個問題：

我是真心想要做這件事，還是只是在跟隨群眾？

這就是最終檢驗題，讓你誠實做好盡職調查、不偏離內心的道路，並確保自己不去追逐他人或群眾的夢想。你可以回到自己重視的價值和最在乎的事物上。有時，跟隨群眾沒有什麼不好，但是如果真要如此，你應該明白自己在做什麼、為什麼要這麼做。

有個萬無一失的方法，可以確保你不受群眾影響，那就是一開始就不要成為群眾的一份子。如果身邊的人的樣貌、行為和思維都跟你差不多，那你很有可能位於危險區。結果就是，縱使你很努力地要根據優缺點來進行取捨，還是有可能受到世界觀跟你非常相似的人的影響。最後，這種越來越普遍的群體思維傾向會在你不知不覺之間把你拉回群眾之中。因此，做決定時，向各種族群的成員尋求意見是很重要的。

馬珊琳（Shan-Lyn Ma）是Zola的共同創辦人之一，也是這家公司的CEO。Zola提供婚禮小物線上登記服務，是美國成長最為快速的電商公司之一。Zola的估值高達一億四千萬美元，《紐約時報》在二〇一九年預估它將成為下一波的獨角獸企業之一。這家公司之所以會成功，有部分的原因在於馬女士堅信高階管理團隊必須要多元，才能做出更聰明、更創新的決定。因此，打從第一天開始，她雇用員工時就一直強調多元性，無論是性別、種族、宗教或性向方面的多元。她的高階管理團隊有半數以上是女性，在科技業來說十分特殊。她說，公司的核心競爭優勢之一，必須歸功於這樣的多元性。Zola的組成和競爭對手不同，所以能夠想出不一樣的點子、避開群眾，迅速在早已被強大的企業所主導的產業中獲得市場佔有率。

現在，你進行過盡職調查、衡量了調查的發現與自己的標準，並且具備合理的動機，就表示你已經準備好下決定了。你已經完成清楚又有系統的決策過程，而且也擁有果決行動所需的一切資訊。這應該是好消息，對吧？然而，打敗FOMO聽起來雖然很棒，但是即使你每一步都做對了，要做出重大決定依然十分艱難。如果你還是會卡關，別擔心，這是可以解決的。你仍有一些功課要做，但是終點已經近在眼前。

還是卡關怎麼辦？

假設你一一完成了本章列出的步驟。為了應付抱負型FOMO，你已經進行全面的盡職調查、蒐集跟這個機會有關的數據與事實，並且跟別人討論，彌補了分析中出現的漏洞。此外，你也已經謹慎地思考過形塑自己想法的各種可能動機，好對抗群眾型FOMO。最後，你把所有的東西都寫了下來，備份在雲端上，以便日後參考用。做得好！面對大部分的高風險決定，你現在已經有了決策所需的清晰頭腦及高度的堅定。但，假設你還是卡關，現在要怎麼辦？

雖然你現在依然猶豫不決，但是你已經跟一開始很不一樣了。你花了很多時間仔細思考理由與動機，也蒐集了證據來支持自己的想法。因此，你已經移除了大部分的資訊不對等，風險也因此降低了很多。你雖然永遠不可能擁有完美的資訊，也無法預測未來，但至少你已放亮眼睛，可以相信自己的直覺。此時，FOMO已被制約住了，沒有理由繼續卡關，所以唯一的出路就是行動。既然你已經這麼努力地尋找拒絕行動的理由，還是沒有找到，那麼你就應該放心去行動。該大膽去做了。做任何決定都會有風險，而你已經準備好要承擔了。

當你運用了一個嚴謹的決策過程，就再也不會簡簡單單向FOMO妥協。你會傾聽FOMO的聲音，從中學習，接著完成思慮周全的決策過程後，才判定FOMO這次可以帶來好的結果。永遠都會有事情不如預期的可能，因為這就是人生，而人生本就帶有風險。最重要的事情是，做決定的人是你，不是FOMO。如果你還是不確定自己是否已經準備好一頭栽進去，你也可以考慮慢慢進行、試試水溫，看看進展如何，再全心投入。第十三章會說到，你可以讓FOMO為你服務，先傾聽它的聲音，再以半投入的方式實現自己的興趣。

現在，你有許多工具可以用來控制FOMO，該好好面對FOBO了。如果你擁有FOBO，你會很不願意承擔風險，乃至於沒有任何事可以讓你做出行動。本章學到的一些策略雖然可以應用在下一章，但是要克服FOBO，你需要一套不同的方法，專門教你怎麼樣才可以踏出下定決心這一步。你很快就會知道，FOMO的源頭是不理性，而FOBO則是跟過程有關。

第十一章

行動勝於選擇權價值

「【每個決定】皆是風險……會受到被排除的選項所威脅，因為那些選項有很多都可能比被選中的那一個還要好、還要真。」

——神學家保羅・田立克（Paul Tillich）

若要說誰最了解FOBO，那一定是雅爾・梅拉梅德（Yael Melamed）。大學畢業後，她進入策略諮詢的領域，接著決定取得法學博士及工商管理碩士雙學位。當時，雅爾不是很確定自己這輩子想做什麼，所以決定分散風險。她認為，同時擁有法律和商管學位可以給她很多選擇。面對充滿不確定性的未來，選擇權價值提供了一層保障，讓她不必懼怕不在預期之內的事物。然而，當她被診斷出皮膚癌時，一切都變了。她馬上發覺自己一直都想錯了。現在她遭遇一個赤裸裸、令人驚恐的不確定時刻，才開始哀嘆自己以前花了太多時間培養資歷以及隨之而來的選擇權價值。雖然她很擅長應付選擇過多的職場，就跟同儕一樣，可是她卻從未找出自己這輩子真正想要的東西。

遇到危機時，你不是崩潰，就是把它變成轉機，當成是一個做出重要決定的機會。診斷出癌症後，雅爾花了很多時間思索自己在此之前所做的選擇——或者可以說，那些自己從沒做出的選擇。她很幸運，因為她的病是治得好的，手術一次後便恢復健康。但，在年紀輕輕就熬過了這麼可怕的經歷之後，她發現自己不想活在恐懼與懊悔之中。她也相信，人生苦短，每一天都應該快樂度過。於是，她決定追尋自己的天賦，成為一名心理治療師和執行階層指導師，每天幫助她人找到真正的自我，進而調整生活方式。

讓我再提醒一次，FOBO的成因是兩個毫不相同卻又同樣強大的衝動：一、騎驢找馬，以及二、堅守選擇權價值。遇到高風險決定時，為了抵禦這雙重的壓力，你必須檢視現在的自己是怎麼做出重大決定的。接著，你要重新改造決策的方法，以做出更好的決定。這不是說，丟棄所有的選擇標準就能解決你的問題。請別擔心，要克服FOBO，你並不需要屈就於任何事物。FOBO和決策過程有關，跟終極目標無關。追求完美這個目標並沒有問題，但是你得小心自己在過程中是如何追求完美的。

首先，我們應該先回顧一下感覺到FOBO時，會發生什麼事。你應該記得，FOBO源自想要擁有最好選擇的渴望以及不願屈就次好選項的想法。關於這些衝動，滑鐵盧大學的研究者近期發表了一項研究，以一個蠻有趣的方法重新形塑談論FOBO的方式[1]。研究發現，跟「只願接受最好選項」的人有關的負面結果，其實並不是來自「只願接受最好選項」的這個目標本身，而是為尋找其他選項所運用的策略過程的副產物。簡單地說，如果不想感受到FOBO，就必須區分你想要的東西以及你為了得到這東西所會做的事。說得明確一點，你絕對不能一直持續想回頭選擇那些已經被你消除或拒絕的選項。「不斷回頭思索同樣的選項」，才是真正令人上癮的部分。你可能沒有意識到，但是每當你重新考慮一個已經排除的選項，你就是在拿選擇權價值交換行動。這個行為就跟本來在看的節目你覺得很好看，但還是不斷轉台、想看看別台的節目是否比較好看的那種心理，是一模一樣的。如果你覺得一直轉台的行為很令人挫敗，想想每次做重大決定時都抱持同樣的心理會是什麼感覺。

難道，FOBO真正的成因真的是保留選擇權價值的慾望，而非盡量尋找最好選項的本能？如果仔細想想，就會發現這個說法很合理。很多做事非常有效率的領導者，即使努力做到最好，也不會淪為FOBO；許多優秀的公司都有辦法屹立不搖地追求卓越，同時不陷入分析癱瘓與靜滯不前。這些人、這些組織能夠追尋完美且又可以投入行動，是因為他們不會在決策過程中無法自拔。他們知道，你必須決定自己是否有任何成功的機會。他們也明白，自己同一時間必須放棄其他可能的選項，才能夠向前進。

如果你想學習他們的典範，就一定要接受自己不能什麼都要，只能選一個，其他所有選項都得放棄。這個過程當然會很痛苦。一一消除其他選項時，你一定會遭遇較小的損失，因為這是消弭其他可能、關上其他扇門（當中可能有一些非常吸引人的選項）自然會帶來的副產物。你甚至可能會有悲慟的感覺，就像《鐘形罩》的那些無花果落在主角的腳邊時，她內心出現的感受。然而，如果你無法接受失去並大步向前進，你只會繼續卡關，望著那些擋住前進道路的眾多樹枝，不知如何是好。因此，遇到高風險決定時，若想克服FOBO，你就必須一一消弭選項，找到放手的決心。這樣一來，你便能把可能性刪到只剩下一個，接著堅定地選擇之。

向近藤麻理惠看齊

如果你願意接受自己不能擁有一切，你就得先找到辦法一一捨棄沒試過的選項，再下定決心做出最終選擇。就算你很確定手上仍有不少很好——甚至更好——的選項，要捨棄任何一個選項還是很困難。縮小可能性是一件令人喪氣的事，尤其是如果你一直以來都認為自己可以、也應該擁有一切。畢竟，如果不能好好利用這些選擇，住在一個選擇豐富的環境不就一點意義也沒有了？問題是，這樣的生活太凌亂了。你不會想把一大堆永遠不會穿的衣服塞進衣櫥裡，而機會其實也是同樣的道理。製造越多機會，你就越無法好好享受任何機會。

想要來個頭腦大掃除，你可以學學近藤麻理惠。她是一位日本整理達人，憑藉著居家打掃的力量，建立了一個世界帝國。近藤麻理惠的收納整理術包含兩個要點：第一、為了簡化生活，你應該把自己擁有的所有物品集中起來，丟掉任何無法令你「怦然心動」的東西[2]。第二，丟掉任何東西以前，你要謝謝這些東西為你所做的一切，放手後才不會感覺愧疚。第二個要點特別適合用於選項刪減，尤其是當你努力想捨棄保留選擇權價值的心態時。

第一次聽說近藤麻理惠的方法，你可能會覺得有點古怪，但是她其實說到了一個有趣的重點。你應該還記得，FOBO是一種富有病。如果沒有這些選項，你永遠也不需要擔心自己是否會猶豫不決。所以，你能擁有這麼多機會，其實是相當幸福的。你現在雖然沒有空間可以接收所有的選項，它們只是替你製造混亂、讓你無法前進，但你依然心存感恩。如果可以承認這個最根本的事實，你會比較容易放下自己不需要的東西，而不至於感到愧疚或懊悔。你可以利用近藤麻理惠的整理術整理衣櫥，就可以運用它來整理思緒。

進行「怦然心動」的整理術時，如果需要一些背景音樂，可以聽聽歌手、作詞家、社群網紅兼現代哲學家（請別轉台！）的雅瑞安娜・格蘭德。如果你以為她的暢銷歌〈謝謝你，下一位〉（"thank u, next"）講的是她和喜劇演員彼得・戴維森的高調分手事件，那你就誤會了歌詞真正想傳達的訊息。這首歌其實是在號召各位一起反FOBO。格蘭德在歌詞裡說到，每次結束一段關係，她都有學到一些東西，進而發現最重要的一段關係，就是與自己的關係。對一首重複唱了六次「我他X的非常感謝我的前任」的歌來說，這樣的訊息其實意境算是非常深的。此外，這也是把一長串選項刪減到只剩下一個的絕佳方法。為清空選項，你必須準備好一一放棄每一個，最後選出贏家。你不可以回頭質疑自己的選擇，也不能覺得後悔。你必須向前進。

雅爾・梅拉梅德試著從眾多選項當中做出選擇時，自己也有一套「謝謝你，下一位」的策略。她不會去想這個選項「夠不夠好」，而是反過來思考：「這個選項是不是已經夠好了？」使用這個方法，她便再也不是把每一個選項拿來跟一個虛無縹緲的理想目標相比，而是評估其優缺點，據此進行取捨。如果把注意力放在選項的正面特質、而非負面特質上，你比較有可能滿意自己最終所選。

近藤麻理惠、雅瑞安娜・格蘭德與雅爾・梅拉梅德的策略雖然都十分發人深省，但是要一邊爬梳眼前的可能性，一邊捨棄其中的選項，有時候沒那麼容易。如果有資訊不對等的狀況，會使評估變得困難，而蒐集相關資訊也不簡單。就算這個議題本身便涉及到數據，你也得承認人生並不是實驗室。數據並非都是黑白分明的，你也永遠無法準確預測未來會發生什麼事。此外，擁有FOBO的你本就會出現分析癱瘓的傾向，因此蒐集資訊其實原本就有困難。

所以，遇到高風險決定時，本來就找不到簡單的答案或靈丹妙藥。你只能夠繫好安全帶，與之正面對決。你必須接受，決策的過程可能會花上數小時或數天的時間，而不是只有短短幾分鐘。此外，基於FOBO的本質，你也不能只思考結果，還得思索過程。最後一章會提到，發展出清楚的策略會培養你嚴謹的思考能力，同時讓你更有效率。投入精力在這項策略上是很值得的，日後會持續為你帶來好處：你將能夠反覆遵循同樣一套步驟與方法，策略應用得越來越臻至完善，就像任何後天習得的技能一樣。

變得果斷的過程

現在，你知道面對選擇權價值時要怎麼轉換心態了，就可以準備把這種態度應用在高風險決定。想要克服FOBO，只能靠練習。隨著你的人生歷練與專業能力持續增加，過去令人望之卻步的問題會突然變得不難解決。這跟駛上一條交通繁忙的高速公路一樣，剛開始你會感覺自己好像在騎機車，其他人則開著最尖端的電動載具呼嘯而過，你一不小心摔車的機率很高。但是，當你的經驗越來越豐富，會發生兩件事：第一，你更有能力做出聰明的決定了。你會用機車換取更好的交通工具，有一天說不定還可以駕駛那輛苦等已久的奧迪電動車——如果奧迪終於下定決心的話。第二，一切感覺都不那麼恐怖了。二十歲時看起來像專業賽車的東西，十年後變得跟火柴盒小汽車一樣。長遠來看，人生中遇到的眾多挑戰以及你的解決問題能力之間的落差會越縮越小，最後再也形成不了阻礙。經驗和閱歷便是差別所在。

但，要如何累積做出高風險決定的經驗呢？前一章說到了，在決定是否把握某個機會時，你要進行盡責調查。現在，你要再次使用這個方法解決猶豫不決的問題。然而，這一次你必須從不同的視角進行分析。你現在並不是要判定某個選項或機會是否有符合你的標準。克服FOBO時，難點就在於你手上擁有太多好的選項了。如果你要能夠只選擇其中一個，就必須想辦法把選項減少到僅剩一個。在開始之前，你應該遵循前一章學到的那套運作原則，再額外添加幾個新規則，以確保你不會一開始就想保住選擇權價值：

遇到高風險決定時如何克服FOBO

- 保持開放的心胸：不要在連開始都沒開始之前，就深陷任何一個可能的結果而難以自拔，否則你會很難刪減手上的選擇。
- 分辨重要的事物：決定你想實現的目標以及你能接受的結果是什麼，接著列出這個結果的判斷標準與特質。
- 信賴事實，不依靠感性：做決定之前先彙整足夠的數據。

• 從多種來源蒐集數據：不要自己作主。從身邊的人、甚至不是最親近的人那邊獲取資訊和建議。

記住，你是要選出最好的，不是要剔除最糟的：一旦判定所有的選項都是可接受的，決策的目標就會變成是要從中選出最好的那一個。對擁有FOBO的人來說，消除選項、緬懷已逝的機會是非常困難的，所以你應該時時堅定自己的信念，相信自己是在做出有智慧的決定。

將這些基本原則內化之後，你就要進到決策過程本身。

第一步：確立自己想問的問題

你必須總結出讓你產生FOBO的東西是什麼，因為這是形塑決策過程其餘部分的關鍵所在。這個步驟的目標是清楚而簡要地說出即將到來的決定，像是：「這四輛車我應該買哪一輛？」或者「這八個人我應該聘請哪一個？」

第二步：為你的問題設立標準

跟先前一樣，你必須設下一些基本參數，以判定某個機會是否符合你的標準。記住，想要得到最好的結果並沒有錯。你必須決定哪些東西對你來說是重要的，才能根據選項的優缺點來進行選擇。話雖如此，最好還是避免設定太多條件，出現分析癱瘓的危機，讓整個過程變得過於複雜。如果不能根據五到十個以內的條件來做出決定，那你一定會很掙扎。如果發生這種情況，請刪減一些標準。

第三步：蒐集數據

就跟前一章所做的一樣，進行盡職調查時，你必須蒐集資訊，以驗證每一個選項是否真的如你所想的那般吸引人。你會仰賴事實與數據來消弭資訊不對等，確保每一個可能「是不是都已經夠好了」。如果其中一個選項不符合你的基本條件，你就要將它永久捨棄。

第四步：做出初步的選擇

如果你已來到這一步，就表示你做了很多功課。因此，你可以相信自己的直覺，從尚未淘汰的選項中推選出優勝者。既然你已經確定剩下的選項都是可接受的，選出最喜歡的一個就沒什麼不好的。你要信任自己的心，選出一個你認為優點最多、最令你興奮的選項。這就是你的基準點，你的最佳選擇。即便你的直覺不是完美的，你也輸不了，因為剩下的選項全都是「已經夠好了的」，表示你的條件一定都有符合。

第五步：有系統地消除較差的選項

接著，將其他候選選項一一跟基準點做比較。如果某個選項不比原本的那個好，你就要變身近藤麻理惠，說一句「謝謝你，下一位」，然後將之摒除在考量外。刪減選項、放棄逝去的機會對於擁有FOBO的人而言是非常困難的，因此務必要時時記住，若遵循這個過程，你一定是選到兩個選項中較好的那一個。

你會持續同樣的過程，把每個選項跟基準點相比，減少選項的數量。此外，你也要具備在任何時候換掉最佳選擇的彈性。優勝者的地位不一定是永久的，所以如果你決定要換掉它，就一定也必須將之刪除。你要重複這樣的比較過程，直到最後只剩兩個選項：第一首選和備案。除非你發現第一首選因為某個原因不再可能，否則不要回頭選擇備案。

在這整個過程之中，你絕對不能違背一條不可抹滅的關鍵原則，一個選項一旦淘汰出局，就回不來了。你不能再反悔，也不會再懼怕它。如果持續一而再、再而三地重返同一組選項，你就有可能陷入FOBO的泥沼，所以務必要不計一切代價避開這種誘惑。

第六步：化成文字

就跟前一章所做的一樣，你要將決策背後的理由寫成備忘錄。把腦中的想法訴諸文字有助於確保自己的邏輯是經過完善全面的思考。此外，進行這一步時，你要抵抗為選項排名次的衝動。你應該要做的是，個別考慮每一個選項，接著根據選項的優缺點來決定要保留或刪除。一旦開始排名次，你就有可能讓評估變得更複雜，重新喚起FOBO。

還是卡關怎麼辦？

假如你無法把選項刪到只剩少數幾個，或是無法將最後兩個選項做出高低之分，你就必須找幫手。創投公司都會有投資委員會幫忙評估每一個投資決定，在開始投資之前進行最終檢驗，並且提出一些很強硬的問題，最後決定同意或駁回這項投資。從擁有充分資訊、總是替你著想的人那裡得到客觀的意見，可以在你決定該往哪個方向走之前，先掌握大局，進行終極檢驗。盡量多找一些背景不同的人幫忙，這樣就能獲取各方想法與意見。不過，為了避免不必要的複雜狀況，你的「委員會」成員應限制在五人以內。此外，成員數量盡量要是奇數，這樣如果需要投票時，就不會出現平手的尷尬情況。

雖然是高風險決定，但你可以放心依賴他人的判斷。既然是在克服FOBO，就表示你是從許多可接受的選項進行選擇。你努力到這個地步後，目前處在一個選項之間的差異難以察覺，致使你卡關的局面。現在是做決定的時候了，如果你一個人做不到，就必須尋求幫助。你可以解釋自己是如何篩選出最後這幾個選項的，而在解釋的過程中，你可能會被問到一些比較深入的問題，促使你重新思考自己的評估，甚而改變主意。這都是很正常的。但，你一定要把新獲得的數據跟原有的標準放在一起衡量。除非現況出現極端的改變，否則新出現的資訊有可能化身特洛伊木馬，導致更嚴重的拖延。

總算做出決定後，你的工作還沒結束。創業投資客不應該把自己的決定浪漫化，你也一樣。做好決定後，仍有許多預料之外的事情可能發生。他們必須保持清醒、專注，隨時準備應付行為帶來的後果。每年，投資者都會回顧自己的投資組合，將每一間公司的表現跟投資當下所做的預設進行比較。你也可以採取類似的方法，時不時回顧自己做過的決定，從中學習。你什麼做對了？什麼做錯了？誰給了你很棒的建議？誰讓你迷失方向？你想改變哪些環節？

在做決定的過程中，你要接受自己的選擇和邏輯有可能被證實是錯的。就跟投資一樣，任何決定總有風險，你必然會需要建立自己的反面投資組合，從糟糕的決定和錯誤之中記取教訓。你也必須體認到，適用於今天的，一年後可能就不適用了。即使已經選了一條錯誤的路，只要你夠果決，就能運用先前提出的策略來度過下一個僵局和挑戰，往新方向移動。

現在，你已經得到了所需的工具，可以專心堅定地做出決定，漸漸往克服恐懼症的目標邁進。然而，無論進步多少，你都必須保持警覺。當你繼續探索這個世界，你會遇到很多令人分心的事物（大部分都是科技相關），企圖引誘你、阻撓你。因此，你需要更多工具才行。下一章會提供一些策略，教你如何阻隔外界噪音、專注在重要的事情上，勇敢錯過其他選項。

第十二章

勇於錯過其他所有的選項

「人有不為也，而後可以有為。」

——孟子

一旦知道自己真正要的是什麼，下一階段就可以開始了。為了選定一個選項——只能一個選項，該做的你都做了。你覺得很開心，因為你做到了。你很果決！然而，我不會誠心地恭喜你，而是要給你一個忠告：你還沒脫離險境。因為，這個世界會不斷想方設法要說服你，你選錯了。每天，你都會遭受各種廣告、貼文、通知、文章、對話或其他資訊來源的轟炸，企圖讓你不專注於最優先的事情上。非常令人無法招架。

我在書寫這段文字時，也一直在努力克制閱讀新聞、查看簡訊、瀏覽推特或回覆WhatsApp剛跳出來的訊息的衝動。你在閱讀這段文字時，你也面臨同樣的外在刺激轟炸。向誘惑臣服、短暫休息一下，雖然可能可以讓你得知一些潛在的資訊、喚醒潛在的興趣或者啟發未來的行動，但更有可能產生的結果是，這些資訊都會造成你的恐懼症。你的決定原本看起來十分肯定、理由充分，現在卻突然顯得魯莽。你突然感到一陣猶疑。你是不是應該再次回顧所有的選項？雖然先前努力了這麼久，現在猶豫不決又再次企圖蒙蔽你的直覺，將你一把拖回奪取清晰思緒的爭奪戰中。

一旦選擇了真正想要的東西之後，你一定要找到力量錯過其他所有的選項。在一個不斷試圖喚起FOMO和FOBO、打破你所有努力的世界裡，這就是能讓你開枝展葉的預防措施。只要學會錯過，就能專注在重要的事物上。想要成功阻隔外界噪音，可以做兩件事：一、在行為上做出可管控的改變；二、運用科技。這兩件事都是你完全可以控制的，能幫你專注。

一、在行為上做出可管控的改變：你要消除一些日常阻礙，讓它們不會妨礙你堅守已經決定採取的行動方針。你要管控好所有可能使你迷途的因子，包括無限制的資訊取得管道、參照焦慮、選擇過剩和自戀心理。你要在自己的舉止和心態上做出實用的轉變，改變過去的思考和行為模式。話雖如此，採取一個在現代世界無法永續或不實際的策略，是沒有意義的。沒有人叫你成為隱士。本書提出的每一個解決方案都有考量到我們是生活在數位的世界，因此教的是如何控制、而非消弭科技，以達成目標。

二、運用科技：你也要小心而理智地思考如何運用科技。在某些情況下，你必須消除或減弱科技製造的干擾。例如，你可以禁止房內出現任何電子設備、從裝置裡刪除某些app，或是排定每日的勿擾時段；在其他的一些情況下，你可以好好使用數位工具，讓你更充分地利用時間，或是改變某個時段的目標。市面上有很多新的科技與app——例如冥想app或數位身心健康工具——可幫助你不受干擾、提升自我意識、找回焦點所在。這些做法和策略可以讓你在這個令人難以招架的世界中找到專注。

爭奪你自我意識的史詩戰役

科技能夠喚起並維持FOMO與FOBO，這是很清楚明白的一件事。持續不斷的網路連接、網路導致的資訊過剩以及社群網站的存在，重新塑造了你生活的方式、經營事業的方式，以及跟FOMO人和FOBO人同胞相處的方式。就算你成功做出決定，投入某個行動方針，外在刺激依然存在。這些刺激會提醒你，你錯過了什麼，並提供許多可能會更好的替代選項。網路雖然是這些變化的傳播管道，但是大部分的責任仍落在那些公司行號身上，因為是他們的產品決定了你如何周遊線上世界。今天，頂尖的科技公司獲得了至高的權力、影響力和價值，這麼說絕對不是誇大。Apple、Alphabet（Google的母公司）、亞馬遜、騰訊、阿里巴巴和臉書現在常常名列世界十大最有價值的公司[1]。他們之所以能榮登前十名，是因為採取了這樣的商業模式：設計出利用人類心理學的科技產品，獨佔我們的注意力，接著賣給廣告商。

這些公司會成功，有很大一部分是因為，他們創造的產品會慢慢侵入你的日常活動和意識，直到你沒有它們就活不下去。這些產品被刻意設計成不可或缺的東西。仔細想想，手機鬧鈴就像特洛伊木馬，因為它是人們開始把手機帶進臥室的原因之一。因為這個看似無害的舉動，人們開始會半夜收信件、看新聞、傳簡訊。你要說這些功能是習慣養成工具或是令人上癮的東西都可以，總之它們會讓你長時間盯著螢幕。

網路剛問世時，大部分的人都被這些又新、又酷且大都是免費的產品給迷得暈頭轉向，不會去擔心網路的長期效應。數位工具會施魔法，確保拿起手機的人都會感覺自己生活在一個選擇豐富的環境之中。然而，近年來，風向已經變了。人們發現自己變得過於依賴行動裝置，開始在生理、心理和情感方面付出代價。

科技大老也知道這一點。在二〇一八年五月，Google執行長桑德爾・皮查伊（Sundar Pichai）在這間公司的開發者年會Google I/O上發表演說，宣告Google為了向前邁進，會將「數位身心健康」的概念融入產品之中[2]。他明確地表示，Google在煽動集體FOMO這件事上責無旁貸：

> 根據我們研究，我們知道人們感覺被自己的裝置綁住了……立刻回應收到的訊息，形成越來越大的社會壓力。人們因為想跟上所有的資訊而感到焦慮。他們罹患了FOMO——錯失恐懼症。我們認為，我們應該還有進步空間。

接著，皮查伊宣布，有一個新的心態將出現在Google的每一個平台。這個心態會化身為各種工具，監測你的上網時間、分析你的行為、幫助你了解自己的習慣，讓你可以成功關掉手機。短短幾週後，Apple也宣布他們的數位身心健康功能，包括進階版的勿擾模式、通知設定的改變、裝置使用時間報告。這些工具雖然都是要解決FOMO的問題，但是科技其實也很會煽動FOBO。畢竟，過多的資訊及大量的選擇正是FOBO的兩大驅力，也是大多數科技公司的商業模式核心內涵。因此，Google和Apple雖然尚未提及FOBO，但我預期他們之後就會這麼做了。

Apple和Google雖然決定提供一些工具讓你可以管理自己與產品的互動關係，但他們仍持續創造出高度令人上癮的數位產品。臉書、Pinterest、LinkedIn等數千家形形色色、規模有大有小的公司，也都在這樣做，試圖分一點（或很多）你的腦容量。如果你希望毫髮無傷地逃離這場爭奪你注意力的戰爭，我要告訴你一件壞消息。這些公司加入了一場持久的史詩戰役，就是為了讓你繼續用他們的產品。他們手上握有人工智慧、預測分析、病毒行銷等武器，全都是設計來擊敗你，獨佔你越來越多的腦容量。這就好比一場刀戰中，對方突然亮出一把、甚至很多把槍一樣，你根本沒勝算。

這些公司很清楚自己在做什麼。所以，不意外的是，設計這些產品的人自己也很擔心所謂的螢幕時間會影響家庭關係。最恰當的例子：越來越多科技業高層會對自己的孩子施行嚴格的無螢幕政策，有些人還會要求保母簽署嚴苛的契約，禁止他們在孩子周遭使用行動裝置[3]。在矽谷，局面相當失控，有一些自認科技正義使者的人還會監視照護者。這些正義魔人會拍下保母在公共場所使用裝置的照片，接著張貼在當地的育兒公告欄上。這種瘋狂的行為明明白白地告訴你，矽谷人是怎麼想那些產品的健康效果的。如果廚師不敢吃自己煮的食物，還是換間餐廳吧！

社群網站和資訊過載的負面效果變得顯而易見，反彈便開始了。產業領袖呼籲各個公司應該要重新思考人們目前的連結方式。在二〇一八年於達佛斯舉行的世界經濟論壇，Salesforce的執行長馬克・貝尼奧夫（Marc Benioff）甚至建議政府應該「要像管制香煙產業」一樣管制社群網站[4]。因此，在沒有法令規範的情況下，科技業決定自己規範自己。當一個產業成為自己的保母時，心中當然會有一套特定的目標和動機。如果你以善意的眼光看待這些努力，你會相信這些公司未來的競爭優勢，將取決於他們是否能夠有效維護消費者的身心健康；如果你是個陰謀論者，就會發現這些努力其實只是利用數位健康做為品牌工具的手段罷了。

如果你想知道科技對你的日常生活所造成的影響，你可以進行一次「數位總決算」，就能更加了解你是如何跟那些爭奪你注意力的各方力量產生互動的。你可以使用app或裝置的數位健康功能（像是Apple和Android產品內建的那些功能），就知道自己上線和使用裝置的時間。

誰在這場爭奪你自我意識的戰役中佔了上風？

仔細思考下列問題，並寫下答案。

・**網路與社群網站使用**

1. 你平常一天花多少時間上網？
2. 你平常一天花多少時間上社群網站？
3. 你一天會瀏覽下面這些網站幾次？你會花多少時間在這些網站？

WhatsApp

臉書

Instagram

推特

LinkedIn

Snapchat

YouTube

維基百科

Google及其他搜尋引擎

亞馬遜

Reddit

Netflix

新聞網站（如紐約時報、CNN、Yahoo奇摩新聞、哈芬登郵報、Google、福斯新聞頻道）

其他（如遊戲、約會app、播客（podcast）、串流音樂等）

4. 你多常在社群網站張貼文章？

5. 你會不會追蹤自己或他人的社群網站貼文得到多少個讚？

6. 你是否會根據一篇貼文得到的讚數來評斷文章品質？

- **數位與資訊過載**

1. 你一天檢查電視或網路上是否有播報大新聞的次數有幾次？

2.你多常檢查電子信箱？
3.你是否有開啟收到新訊息或信件的通知？
4.收到通知時，你會立刻回應嗎？
5.你上次超過十二個小時沒有檢查電子郵件或社群網站是什麼時候？
6.數位裝置不在身邊時，你是否感到壓力緊繃？
7.檢查電子郵件、訊息或社群網站時，你是否感到如釋重負？
8.排隊或等人時，你是否會上網？

・你跟隨身裝置的關係

1.你一天花多少時間使用裝置？
2.你一天拿起裝置幾次？
3.睡覺時，你會把手機放在床邊嗎？
4.早上醒來後，你會立刻檢查手機嗎？
5.晚上睡覺前，你會檢查手機嗎？
6.看電視時，你會頻繁地瀏覽網頁或使用社群網站app嗎？
7.開會或吃飯時，你會把手機放在桌上嗎？

8. 跟別人對話時，你會看手機嗎？
9. 視訊會議或開會時，你是否因為上網而時常分心？
10. 家人或朋友是否曾經抱怨你花太多時間使用手機？

以上這些問題並沒有所謂「對」或「錯」的答案。你的工作或你處於哪一個人生階段，都有可能使你較常或較少上網或使用裝置。但是，無論你是怎麼度過每一天的，你都必須了解數位裝置如何塑造你的生活。如果回答這些問題讓你對自己這個人感到吃驚（我就是）、困擾（我就是）或甚至有一點鬱悶（我就是），你其實並不孤單。智慧型手機成癮症十分普及，尤其是在年輕的使用者身上。Apple有兩位重要的投資者甚至發表了一封公開信，呼籲這間公司針對這個問題採取行動（這很有可能就是Apple提倡數位健康的原因）。

當然，這並不表示科技是不好的東西。網路（特別是社群網站）對你的生活和整個社會都貢獻了不少寶貴的事物。正是因為這些產品，你才能跟朋友交流、認識新朋友、找到戀愛對象、啟動革命、提升人們對重大議題的意識——如果沒有這些產品，媒體永遠不會報導那些事。話雖如此，無論是不斷尋找重大新聞、戴耳機戴好幾個小時，或是整天低頭滑手機，這些分心的行為都在逐步控制你的人生，破壞你的決心。持續不斷的分心讓你無法活在當下、享受每一刻、跟周遭世界發生互動。此外，你也會越來越疏離家人、朋友以及每天都會遇到但卻很少注意到的芸芸眾生。最糟的是，你不再關注自我，不知道自己這一生真正想要的是什麼。

別讓科技入侵私人空間

人們充滿壓力、難以專注，於是只好透過冥想、瑜珈或者可以監測或限制螢幕時間的app來尋找答案。很快地，他們將成為無數科技公司數位健康實驗的第一代白老鼠。這些公司把所謂的「正念」變成數十億美元的產業，而這個數字只會有增無減[5]。涉及了這麼龐大的利益，爭奪你我注意力的戰爭才剛剛展開。這才只是個開端。在科技、金錢以及集體發現目前的連結方式不能永續長久的狀況下，一連串漫長的小規模戰鬥很快就要開始。

利用數位健康來解決螢幕相關病症，絕對是奪回部分自主權很好的第一步。可是，這些工具和app大多數都只能起到綳帶的作用而已。你可以盡量進行數位排毒，但是在某個時間點，你還是得拿起手機使用。在現代社會中生活、工作，不可能完全不碰科技，所以你必須找到適當的平衡點。

重新思索並塑造你跟裝置及裝置上那些軟體與app的關係，具有明顯的好處。賓夕法尼亞大學的研究者在〈FOMO掰掰：限制社群網站可降低寂寞和憂鬱感〉（"No More FOMO: Limiting Social Media Decreases Loneliness and Depression"）這篇以一群大學生為研究對象的論文中發現，減少使用臉書、Snapchat、Instagram等社群網站，可降低感到FOMO、焦慮、憂鬱和寂寞的風險。這項研究的設計者刻意讓學生繼續使用社群網站，只是會加以限制，因為她認為完全的禁止是「不實際的目標」[6]。

她說得沒錯。如果你不想讓科技引起恐懼症，你必須實際一點：目標不是要戒斷，而是要節制。培養這種心態的其中一個方法，就是把節制科技想成節食。如果你想維持健康、擁有亮麗外表，當然不能整天吃零食。同樣的道理，如果你想維持心理健康、保持最佳水平，就不能吃「數位」零食。如果你一天到晚都在吃電子郵件、簡訊、社群網站、各種通知等手機獻給你的零嘴，你就會被壓得喘不過氣。然而，倘若只是一天吃幾次零食，你的心理就會保持健全，也沒有必要突然完全戒斷（這基本上也不可能做到）。你可以做一些微小而重要的改變，諸如關閉通知、追蹤螢幕時間、刪除令你分心的app，以及偶爾短暫禁用裝置，以便專注在工作或社交活動上。就像節食的時候不吃垃圾食物一樣，你很快就會發現，當持續不斷的干擾消失了，那種感覺是很好的。

你也會發現，生活中需要立即關注的事物其實很少。切斷通知、關閉「一直在線上」模式後，會擔心自己因此錯過重要的事情，這是很合乎邏輯的。你有可能錯過一通改變人生的電話或一則帶來巨大轉變的新聞，雖然這個可能性非常小，但在心理上卻佔有很重要的比例。然而，你也有可能哪天出門在外會跌倒受傷、被搶劫或被閃電擊中，但你卻接受這個可能性，每天都打開門走向外面的世界。這就是自由的代價，而這個道理也適用於科技。為了奪回自己的力量，你就必須承擔錯過某些事物的風險。如果真的有人迫切需要找到你，他們一定會有辦法，就像在科技很不進步的時代，我們的祖先還是找得到聯繫的方法。

「別讓科技入侵私人空間」不只是理論架構而已，也跟你在現實世界如何與科技、裝置共存有很大的關係。亞勝公司近日所做的一項調查顯示，百分之七十的成年人和百分之八十八的千禧世代睡覺時，會把手機放在拿得到的地方[7]。每次聽到這些數據，我就很好奇小時候的我可能會怎麼想。想到在未來，大部分的人幾乎所有的時間都不會離開電腦，我會覺得驚奇或是驚恐？科技潛入了臥室等原本不存在任何科技產品的場域，是一件很驚人的事情，但你不需要俯首稱臣。

亞瑞安娜・哈芬登（Arianna Huffington）想出了一個創新方法，可以解決科技侵犯私人領域的問題。哈芬登創辦了Thrive Global，旨在對抗「為了成功我們就得筋疲力盡的迷思」，而她同時也是睡眠科學的專家。如果你聽她講過話，她很有可能會告訴你，她使用一個聰明的產品就能幫人解決科技成癮和睡眠方面的問題。為了確保裝置不會損害你的健康，她發明了一個「手機床」，融入你每晚的就寢程序。你要幫手機蓋上被子、連接充電器，接著跟它道晚安。早上起床，你們會再次碰面，雙方都已充足電力，準備迎接新的一天。我非常認同哈芬登。臥房應該要是一個無手機區域，而我自己也一直都遵守這項政策。雖然，我的手機比較喜歡光溜溜睡在廚房檯面上。

數位正念，或是單純的正念？

數位健康和數位正念在過去幾年來越來越流行，但純粹的正念也是一樣。這是很正面的趨勢。科技雖然使人分心，但人類早從不可考的年代開始，就一直在對抗這些恐懼症。因此，想要戰勝恐懼，你不能只解決科技問題。或許正因為如此，冥想已經不再只是隱士會做的事。今天，如果你想嘗試冥想，可以從Headspace或Ten Percent Happier等眾多app當中進行選擇，或是去上冥想課程。如果你剛接觸正念，你可能很自然地會認為這些練習是比較新的潮流，或者只是為了反映這個一直在線的社會所帶來的壓力才出現的。那你就錯了。

麥克・羅根（Michael Rogan）是一位神經科學家和心理治療師，擁有紐約大學碩士文憑，並在哥倫比亞大學完成博士後研究。此外，他也實行佛教冥想超過四十年。基於這些三種不同領域的專長，羅根建立了一個橫跨當代心理學、行為神經學以及佛教古老傳統的職業。原來，西元前五〇〇年的世界和現在並沒有你想像中的天差地遠。佛教冥想已經存在兩千五百年以上，因為就連佛陀時代的人，也跟今天的人一樣充滿焦慮和壓力。他們也會感到FOMO和FOBO，只是觸發點跟我們不同。佛教中所謂的「苦」，指的就是這類普遍不滿的情緒[8]。

雖然有很多心理學技巧可以幫你消除恐懼症，但雷根認為最直接的一個方式就是正念。事實上，佛陀和他的信徒發明的這些做法，現在已經成為治療師認同的療法之一。做法如下：練習正念時，你要刻意將注意力放在你的實體存在上，注意你坐的那張椅子、關注身體的感受、觀察呼吸的感覺、留意周遭的聲音。這樣引導自己的注意力，你同時也做到一件很重要的事——打亂慣性思維，不再去思考未來、過去或自己正在錯過的事，並遺忘所有的渴望、需求和不安全感。你完全處於當下這一刻。

活在當下是跟FOMO、FOBO恰恰相反的概念。當你被恐懼感吞噬時，你會忘了當下那一刻周遭所發生的一切。你會忘了天空是藍色的或是外頭很冷。你會忘了活在當下。這就是正念的奧祕。當你關注當下的感受（例如呼吸的感覺），你就不會想到過去或未來。畢竟，你不可能感受得到五分鐘前或一小時後的那次呼吸。然而，如果你能在呼吸的當下注意自己的呼吸，你就可以確定自己處於當下，因為這是當下才感受得到的。

你可以從正念學到的其中一件事，就是知道自己可以選擇如何引導思緒與精力。如果你想要專注在現在、拋開昨日與明日，你就能夠做到。至少，你能做到幾分鐘的時間，讓頭腦休息一下，不再翻來覆去一整天。事實上，當你越來越熟練，你會發現你隨時都可以選擇回歸當下，至少維持幾分鐘的時間。你能掌控自己的人生，選擇將注意力轉移到任何地方。你可以遠離每天遭遇的各種陷阱，好好放鬆休息。每天挪時間出來練習正念是很重要的。這不是一些當紅的冥想app提倡的新做法，而是歷史悠久的優良傳統，你也應該接納。你可能聽說過正念，但卻覺得這有一點怪力亂神。正念會讓人聯想到水晶、綠松石首飾、紅茶菌等有關新紀元運動的意象，因此你可能很容易就會把這些東西擺在一起，也一起全部摒棄。你應該重新思考這個成見，想想有多少商業人士——包括歐普拉、馬克・貝尼奧夫、雷・達利奧（Ray Dalio）——都使用正念來解除壓力、改善思緒清晰、學會控制情感。冥想與正念不是非得跟新紀元運動有關，除非你希望將兩者連結在一起。你可以把這些做法想成是組成一把弓的一條線，可以在遇到挑戰時幫助你做出最好的表現、保持韌性。

就算你能認同正念這個點子，也想將它融入你的生活，但是對許多人而言，說比做容易。這件事本身並不難，難就難在把它變成優先重要的事。看看我，我花了很多年要練習冥想，app也下載了，課也去上了，什麼都做了。但，雖然我偶爾能夠維持個幾天，卻很難把它變成習慣。我總是忙過了頭，或是因為分心而忘了要每天冥想。

我跟羅根醫生表達自己的挫折，他鼓勵我重新思考看待正念的方式。他說，將正念融入生活最好的方法，就是記住不一定要靜靜坐著才能進行正念。有一種很常見的認知，認為除非坐在地上盤腿誦經或是到泰國進行十四天的靜修之旅，否則就是沒有做對。這是個錯誤的迷思。許多人的好點子都是在洗澡時想到的，這有其背後的原因。因為，在洗澡的短暫期間裡，你很有可能進入了正念狀態，雖然你自己可能沒有發覺。水打在你身上時，你會注意到。你處在當下，因此好事便發生了。同樣地，洗碗或跟狗狗一起躺在沙發上，可能也能有效地讓你處在當下。

記住，不要把這件事變得很困難。如果你覺得這很難，一定要強迫自己的思緒淨空才能進步，那你就放錯重點了。你的目標是要讓大腦休息，不是使它加倍運轉。如果你難以做到，別擔心。就跟人生的許多事一樣，你或許得勤加練習。你可以透過課程或導師來尋求指引，一路上協助你。

正念有時會以出人意料的形式出現，連接到生活中的其他重要層面。先前介紹到的多倫蒙席就相信，克服FOMO與FOBO的關鍵在於找時間思考、冥想、反省。對他和許多人而言，這指的是禱告。你也可以把類似的原則應用在運動、散步或甚至聽音樂上。在從事這些活動時，重點是要把注意力放在你平常不會去注意、但是正在那一刻發生的事情上，像是觀察音樂的拍子或是感覺走路或跑步時腳碰觸地面的感受。

你也可以利用科技來幫助你。我自己在掙扎著展開冥想練習時，曾使用兩個app，造成了很大的差異。首先，我下載了Oak，這個app提供一種很酷又免費的冥想計時方式。這雖然是很好的開始，但我依然發現自己只能維持幾天而已。這通常是發生在我出遠門的時候，因為那時比較少碰到在家會令人分心的事物。還好，我的朋友阿杰・奇修爾（Ajay Kishore）也是心有戚戚焉。他當時是一位忙著募集資金的創業家，也在尋找方法解除壓力，逃離籌措資金難免會遭遇的恐懼症。

我和阿杰決定使用HabitShare這款app，誠實告知對方每天是否進行冥想。我們每天都會告訴彼此自己有沒有冥想，如果少冥想一兩天，也會老實說。我有一次在巴黎度假時，好幾天沒有向他報告，他就傳了這則訊息給我：「喝紅酒、觀察路人甲，不能代替冥想。」有時，吐槽很管用；那趟旅程接下來的每一天，我都有挪時間冥想。因為這些行為上的小改變，再加上一點科技的幫忙，我這輩子頭一次成功冥想超過一年，也開始看出它的成效。使用兩款app、設置一套責任制的競爭系統，好讓自己能夠冥想，是不是有點諷刺？當然。然而，如果這樣做可以讓我養成習慣，那我覺得不需要批評。對我來說，這些app就像抗體，可以對抗我手機裡的其他app造成的感染。

要在短短的篇幅內充分探討數位健康和數位正念是不可能的，因為這個主題很大。還好，這個主題越來越受到重視，如果你想了解更多，坊間書店和網路都有許多很棒的資源。只要記住一點，在思考你和科技之間的關係、探索各種錯失的方式時，一定要將以下幾點銘記在心：

1. 目標不是戒斷，而是節制。
2. 找到讓自己脫離「一直在線上」模式的方法。
3. 別讓科技入侵私人空間。
4. 挪出時間進行正念，形式不拘。

錯過的喜悅

在同一場Google I/O演說中，桑德爾・皮查伊提出了另一個四字縮寫來做為FOMO的解藥：

人們因為想跟上所有的資訊而感到焦慮。他們罹患了FOMO——錯失恐懼症。我們認為，我們應該還有進步空間。跟許多人聊過之後，有一些人告訴我們另一個概念：JOMO，也就是錯失喜悅（Joy of Missing Out）。因此，我們認為自己真的可以透過數位健康來幫助使用者[9]。

JOMO是部落客兼企業家阿尼爾・達什（Anil Dash）創造出來的詞。他之所以會發現這個概念，是基於一個單純的想法：「當你像我一樣年紀漸長，人生百無聊賴卻美好滿足，你就會想一直待在家，因為你寧可跟寶寶在家裡泡澡睡覺，哪裡也不去。」[10]自那時起，JOMO就成了包準能夠治癒FOMO的妙方。宣傳廣告、雜誌文章、社群網站都可以看到JOMO的蹤影。有趣的是，它步入FOMO的後塵，自己也變成一種網路流行語。

那麼，JOMO真的是FOMO的解藥嗎？我的答案是：有時候，但絕對不是一直如此。JOMO不是過程，而是目標；它不是旅程，而是目的地。事實上，就算你真的有辦法讓自己進入全然JOMO的狀態，我也認為你只克服FOMO克服了一半而已。向全世界宣告，自己因為錯過某某東西而感到快樂，這件事讓我覺得有點刻意。如果你真的不在意錯失，你根本就不會想到要給這份喜悅貼上標籤。在Instagram上宣告自己的JOMO，就跟和伴侶分開後，在上面大肆張貼自己多快樂、多開心是一樣的。

所以，ＪＯＭＯ長什麼樣子？只要盡可能消弭驅使ＦＯＭＯ的資訊不對等，你就能達到ＪＯＭＯ的境界；只要你大概知道自己錯過了什麼，但還是毫不在意，那你就有具備ＪＯＭＯ。沒有那一層清晰感，就比較難確定了。假如你根本不知道自己錯過了什麼，怎麼會感覺到ＪＯＭＯ？嚴格來說，如果你不知道某件東西的存在，你就不可能因為錯過它而感到快樂。若是如此，我們所有人其實都處在一個恆久的ＪＯＭＯ狀態，因為這世界隨時都在發生無數起事件，我們根本不知情。此外，遇到生活中的小事時，ＪＯＭＯ最有成效。錯過某個社交活動、週末之旅或是其他微不足道的事物，的確會讓人感覺很好，但是沒有人會跑來跑去，大聲宣告他們因為找到真愛、擁有很棒的工作、開始創業或開展非營利事業而感覺到ＪＯＭＯ。這些事情有可能讓你產生ＦＯＭＯ，但你絕對不會因此感到ＪＯＭＯ。

若是跟長久以來的夢想或渴望追尋的冒險有關的事，ＪＯＭＯ沒辦法拯救你，你必須找到其他方法。幸好，你可以仔細觀察自己的ＦＯＭＯ，從中學習，讓它變成一件好事。在下一個部分，你將會知道如何改造ＦＯＭＯ，使它替你帶來好處。你也會學到怎麼應付別人的ＦＯＭＯ和ＦＯＢＯ，把劣勢轉為優勢。

Part 4

把FOMO和FOBO從敵人變成盟友

「我們的選擇，遠比我們的天賦才能，更能顯示出我們的真貌。」

——《哈利波特：消失的密室》

第十三章

利用部分的時間投注全副的心力

「有些人會待在同樣的地方，因為感覺方便又舒適。但，他們錯過了自己的熱情。」

——亞瑞安娜・哈芬登

佛羅倫西亞・希門尼斯—馬庫斯（Florencia Jimenez-Marcos）跟丈夫澤維爾・岡札雷斯—桑弗利烏（Xavier Gonzalez-Sanfeliu）及女兒辛西莉亞一起生活在邁阿密海灘。佛羅倫西亞精力充沛，高度融入周遭世界，是那種我會歸為FOMO高危險族群的類型。雖然她野心勃勃，永遠準備好來一場冒險，但她卻不會做出對活躍忙碌的家庭生活帶來不必要麻煩的事情。佛羅倫西亞熱愛目前的人生，但是她也意會到自己可以在許多地方擁有不同的人生。她可以選擇回到祖國阿根廷、返回兒時故鄉休士頓、利用自己流暢的法語能力住在巴黎，或是到紐約跟丈夫一起生活。結果，她和澤維爾選擇了彼此和邁阿密這個地方，在這裡住了將近二十年，根深蒂固。

但是每年，他們會有幾個月的時間不住在邁阿密。佛羅倫西亞和澤維爾為自己創造了可以「隨身帶著走」的工作，因此每到夏天，他們就會展開佛羅倫西亞所說的「迷你人生」。辛西莉亞一開始放暑假，他們全家人就會收拾好行李，前往世界上某個遙遠的角落。這並不是放長假，而是在新的地方生活與工作的一種方式。

他們的目標是體驗不一樣的平行人生，希望回到家後在某些方面有所成長。

他們會尋找有著相同理念、願意交換房子的家庭，目前已經用這種方式待過新加坡、印尼、西班牙、加拿大、荷蘭、英國和法國。每到一個新的國度，他們便學到了新的東西，全家人一起成長，並為探索未知的好奇心止止渴。他們會開開心心回到邁阿密的家，FOMO也已受到控制。

好的FOMO與壞的FOMO

即使你能堅定地過生活，這也不表示你永遠不該回頭看看自己可能錯過了什麼。回頭思索自己當初為了果決而捨棄的道路和選擇，是很自然的。身為土生土長的新英格蘭人，我一直都很喜歡羅伯特・佛洛斯特（Robert Frost）的經典詩作〈未走之路〉：

林中一分兩路，而我
選擇少有人走的路徑
而這造就了一切改變

在畢業典禮莊嚴地朗誦這類詩詞，鼓勵畢業生勇於追求夢想、做一些跟別人不一樣的事、遠離群眾，聽起來很浪漫，但也不太實際。很多人都沒辦法選擇少有人走的路徑，因為他們有帳單要繳、有責任要擔，或是純粹害怕離開維護得當的道路，走進看不到盡頭的荒林。佛洛斯特也說過，這首詩被誤解了。他在寫給友人的一封信裡，感嘆這首詩「被許多人認真看待……但我其實已經盡量寫得讓讀者可以明顯看出我只是在鬧著玩…是我錯了。」[1]真有趣，為什麼從來沒有人在畢業典禮上念出最後那一部分。

一個果決的人會拒絕很多事情。一旦你學會如何控制FOMO，就會接受自己不可能做到每一件事，而這就是專注的重點。同時，這表示你會錯過某些經歷。即使付出極大的努力，你還是可能會有猶豫不決的時候。要記住，並非所有的FOMO都是不好的，如果仔細傾聽，你其實可以從中學到很多。畢竟，FOMO其實一直在你耳邊提供各種點子和靈感。大部分的時候，FOMO只會令你分心，但並非總是如此。

倘若同樣的機會或選擇一直給你縈繞不去的FOMO，那麼或許你該聽聽心裡的聲音：「如果去做這件事會如何？」你的直覺或許會告訴你一些重要的事：你應該打開雙眼、看看四周、嘗試新事物。設定新的目標、走出新的一步、打破常規！倘若你的人生已經充滿各種需要全心投入的事物，這的確是說起來容易、做起來難。然而，有一個方法可以一勞永逸的解決FOMO。你可以去探索你沒選的那條路，同時不去動到已經選定的道路。比方說，你可以像佛羅倫西亞一樣展開迷你人生，久久改變一次生活環境。你也可以在完全不考慮某些選擇之前，試著轉換思考方式，看看是否真能找到辦法實現它們。無論你決定怎麼做，你的目標就是要想辦法讓FOMO為你帶來好處，讓人生不那麼黑白分明、完全照著安排。因為，人生可以有很多中間值。

駕馭FOMO、使之由劣轉優，關鍵就在於你如何決定自己的行動。無論你是想踏上新的冒險之旅、創業或改變世界，你可以不必完全投入，而是利用部分的時間投注全副的心力就好。我一開始是將這種有意識的多工模式應用在企業界，後來又把這個方法延伸到其他與商業無關的領域。這樣做，你可以挑戰自我對於可能性的認知，但又不會急遽改變人生的其他部分或甚至導致破產。諷刺的是，引起許多人FOMO的那些力量——無所不在的資訊取得管道和科技造就的極端互聯程度——正是這個策略有用的原因。

在不辭去正職工作的同時成為創業家

想要當創業家，這個時代最適合。仔細想想科技是如何深入我們的私生活和職場的。對任何想要創業的人來說，現今的科技改變了一切規則，讓你比過去更具有彈性。史上頭一遭，你可以做任何想做的事，時間和地點都能自由選擇。只要有網路、智慧型手機、或許再加個筆電，你就能創業了。此外，剛開始會需要用到的重要資源，有很多都是免費或者花點小錢就能取得的。因此，現在想要開創、管理一家公司，是非常便宜又容易的。

所以，現在好像人人都是創業家。《創智贏家》（Shark Tank）、《矽谷群瞎傳》（Silicon Valley）等電視節目美化了創業，媒體也大捧新創公司的創始人，特別是成功人士。此外，像WeWork這樣的公司也搭上創業潮的順風車，試圖說服每一個人開公司尋夢。這間公司的座右銘「做自己喜愛的事」說得很清楚：如果你有勇氣開創自己的公司，就跟WeWork租一間辦公室，便能走上自我實現的道路。這些訊息充滿理想抱負，並由熱血的群眾帶著走。因此，現在有數百萬人都感受到創業FOMO。

然而，FOMO的背後有著冷酷嚴苛的事實。創業的門檻雖然低了很多，但這不表示成功變得比較容易取得。大部分的新創公司都失敗了。因為成功機率小，如果你有帳單得繳，為了創立新創公司而辭去正職工作是充滿風險、甚至是莽撞的做法。如果害怕失敗（你也確實應該害怕），你就有可能得到FOBO。你不會想到一個點子動手去做，而是只想旁觀，在找到最完美的商業模型之前反覆思索。問題是，這樣做只會讓你永遠只能待在觀眾席。因為，世界上沒有所謂的完美商業模型，即便有，你恐怕也不會在前幾年發現。

選擇了很多人走的路、追尋一份傳統的工作，並不代表你的選擇無法挽回。當然，全職創業家對某些人而言是很棒的一條路，但是並非對所有人都是如此。這也不表示，你就必須旁觀，眼睜睜看著別人做一些很刺激的事，自己卻只能夠困在苦悶的正職工作中。你可以正視FOMO，好好掌控它，讓它替你帶來優勢。關鍵就是，不要再把創業當成非有即無的活動。你可以繼續待在正職工作裡，同時當一個創業家，把兩種職涯的好處結合在一起。這是一個簡單卻顛覆的概念：你不一定要成為創業家，但是你可以有創業精神。這個方法讓你以所有者、而非員工的角度思考。你可以在擁有安穩的正職工作之餘，接受風險、擁抱創造力。要做到這點，你要以創始人、投資者或諮詢者的角色投入百分之十的時間（可能的話，還有百分之十的金錢），參與一個或多個新事業。

我把這稱作「百分之十創業」，而這也是我的第一本書《不離職創業：善用10%的時間與金錢，低風險圓創業夢，賺經驗也賺更多》（The 10% Entrepreneur）的主題。我在幾年前寫了跟這個概念有關的著作之後，百分之十創業（即一些人所稱的副業）已經成為主流。我很榮幸在旅途中認識了數百位百分之十創業家，非常驚訝當人們專心投入一件事時，所能獲得的成就有多大，即使他們只是以兼職的性質從事某件活動。這些兼職創業家有一些人變得十分成功，最終還能夠將兼職轉為正職。不是只有他們做到。在過去這幾年來，有所成就的兼職創業家變得越來越普遍。在這個工作彈性越來越大的世界，有超過四千四百萬名美國人擁有副業，什麼類型都有。然而，有一件事要記住，那就是並非所有的副業都是同等的。成為Uber的計程車駕駛或者將公寓做為Airbnb出租，這些都算副業，但是卻跟百分之十創業不一樣。兩者的差別在於所有權。

每當矽谷有哪一家新創公司上市了，就會開始流傳許多基層員工一夜致富的故事。這些人不是靠固定薪水致富，而是因為他們公司的股份。能有薪水很棒，而且也是非常必要的，但是要想真正賺到錢，就得參與隨著公司成長所創造出來的價值。如果你是一個百分之十創業家，你最重要的目標就是獲得所有權。你會想要擁有你所創造的所有東西的股份，相信股份會成長，變得更有價值。你將一切努力視為一種投資，而不單單只是多賺一點錢的方法。你不會獲得鐘點費，但你會創造一件由你塑造、隸屬於你、透過你所設立的條款建造出來的東西。

以瑪蒂帕、梅西和瑪歐娜・涅曼關達三姊妹（Matipa, Mercy, and Maona

Nyamangwanda）為例，她們創立了時尚品牌EnnyEthnic，利用傳統的非洲印花圖案來歌頌自己的祖國辛巴威。雖然她們想在服飾業創業想了很久，但剛移民美國的她們決定先找個穩定的工作。瑪蒂帕為美國政府擔任律師、梅西是一名護士，而瑪歐娜則擁有一間乾洗店。

為結合正職工作的穩定性以及創業所帶來的刺激感與好處，三姊妹決定在保留正職工作之餘，以電商形式兼職經營EnnyEthnic。這讓她們的事業得以成長，同時又不必擔心沒錢繳帳單的問題。此外，她們也能結合對故土的愛和獲得經濟獨立的機會。這個方法奏效了：她們的品牌不僅在舊金山時裝週露臉，也在美國東西兩岸開過快閃商店，甚至還出現在米蘭時裝週的伸展台上！三姊妹雖然考慮在未來全職經營服裝品牌，但是兼職創業卻讓她們得以追求夢想，同時不必擔心生活型態或理智會受到影響。

假如你還沒有任何想法，或者尚未準備好承擔經營自己事業的責任，你仍然可以成為兼職創業家。你可以不用開創、經營自己的事業，而是把時間或金錢投資在他人的企畫上。我就是因為這樣，成為了二十多家公司的股東。這些公司有兩家成了獨角獸企業，也就是價值超過十億美元。我投資這些公司所獲得的利益大幅成長，遠遠超過股市所能給予的報酬，非常驚人。

兼職創業帶來創新

表面上來看，在正職工作之外投入其他事業看起來完全是為了自己的利益著想。你利用有一部分是在自己的正職工作獲得的技能、人脈、知識，為自己創造更多機會。但，這項挑戰可以讓你發展、強化許多技能和人脈，同時訓練一些不同的能力，使你在正職工作變得更有效率。所以，成為兼職創業家不只對你有好處，對你的雇主也是。每個人都是贏家。

這樣的心態不僅適用於個人，公司行號也可以投入一些次要計畫，藉此控制FOMO。「內部創業者」一詞在將近二十五年前被發明出來，指的是公司為了創造一種鼓勵員工成為創業思想家的企業文化所付出的努力。經過了這麼多年，要在一家大公司內部建立真正具有創業精神的文化，依然很有挑戰性，但是並非不可能。

例如，Google就要求員工要花部分時間在次要活動上。Gmail就是這樣誕生的。這個方法雖然一直是研發新產品的根本，但現在還能達成另一個目的：Google早已不是一間新創公司，大部分的員工也都沒有在新創公司的環境中待過，所以把創業精神融入公司文化中，便能確保每一位員工都擁有真實的創業經歷，使他們在這間公司的一切作為都具有創業特性。然而，有像Google這樣的公司，也有無法激發職員創新能力的無數間公司。有時候，這是投入程度的問題。新點子需要時間才能帶來效益，因此成敗可能取決於一間公司願不願意堅持到底。管理階層和股東都要求短期成果時，內部創業長期見效的本質就很容易成為降低成本或重設優先順序的犧牲者。

公司可以更上一層樓，鼓勵員工探索自己的創業計畫，接著請他們應用所學於正職工作。這樣一來，這些公司的領導者也清楚地傳達出自己經營的是什麼樣的組織。讓員工變得更精幹、快速、有創意的公司是很有自信的，相信自己能夠吸引到人才。最重要的或許是，他們知道鼓勵員工在空閒時間從事一些他們有興趣的計畫，是留住員工的重要手段。他們也明白，假使員工希望有一天能離開公司，開創自己的事業，那麼他最好就這麼做，而不是繼續心不在焉地待在原公司工作。

當個行動主義者，卻不讓自己破產

在正職工作之外當個創業家，能讓你在職場生活上好好控管FOMO。不過，同樣的心態其實也可以應用在私生活中。讓今日的創業歷程能夠如此低成本又容易的那些因素，也適用於非營利事業和政治。如果你的ＦＯＭＯ帶有改變生命的性質、涉及很高的個人風險，而且你擔心會錯過的是幫助他人的機會，那麼這一點就更重要了。可是，即便你試著要改變世界，可能也很難就這樣拋下一切，全力專注在這件事上。你必須找到另一個可永續下去的實現方式，同時也會希望成為這項計畫的主角，最好是所有人。這不只是單純的志工活動，而是持有風險和一席之地，確保該做的事都有完成。

丹・布倫特羅（Dan Brendtro）四年前開始接觸弗里德賴希隱性遺傳運動失調症，因為他女兒雷娜接受基因檢測，發現這就是她平衡與協調方面出問題的主因。檢測結果出來不到幾週，他們一家人便坐上飛機，從南達科塔州蘇瀑的家飛到費城兒童醫院，去找世界上最厲害的弗里德賴希運動失調專家。在跟醫生會談期間，布倫特羅得知此病沒有辦法治癒。這種病極為罕見、極度凶狠，孩子通常在高中畢業前就得坐上輪椅。此外，弗里德賴希運動失調也會造成英年早逝，患者通常在二、三十歲就會喪命。布倫特羅一家人雖然傷痛欲絕，卻仍存有希望：有一小群人數持續增加的研究員正努力找到治癒方法。關鍵之處在於，弗里德賴希運動失調跟許多罕見疾病不一樣，已經有找到其背後的生理機制。

就像雅爾・梅拉梅德被診斷出癌症時所領悟到的道理一樣，當你面對危機，你可以選擇崩潰，或者做出行動。布倫特羅一家人選擇奮鬥。丹接洽蘇瀑當地的醫療體系，希望加快研究腳步，結果竟遇到不可思議的巧合：有一位在離丹的辦公室僅六公里之遙執業的彼得・維提略醫生（Dr. Peter Vitiello）幾年前曾經短暫做過有關弗里德賴希運動失調的重要研究，但是後來因為資金短缺而被迫中止。丹問他繼續研究需要多少錢，並下定決心要募到足夠的資金，讓研究繼續下去。他知道申請補助或其他資金來源可能會花好幾年的時間，所以一定要發揮創意，想出能夠縮短時程的辦法。

丹決定學習創業家的思考模式，把群眾募資當作副業一般，努力募集資金。他在讀過《不離職創業》一書後，把自己的方法稱作「百分之十行動家」。為了利用最少的時間與金錢達到目標，他創立了「終點線基金會」（The Finish Line Fund）這個非營利組織，請認識的人設計logo、拍攝影片。他也借鏡《不離職創業》提到的一位旅行創業家迪亞哥・薩耶茲－西爾（Diego Saez-Gil），因為他曾在群眾募資方面獲得成功。最後，他在捐獻星期二前啟動一項群眾募資計畫，短短數週內便募得十二萬五千美元。研究幾乎是馬上就開始了，並在不到一年的時間取得重要的初步發現。終點線基金會獲得更多資金、開始能自給自足之後，丹便展開其他的百分之十行動家計畫。他的目標始終都只有一個：將女兒罕病的治癒方法逐漸移往終點線。

丹成為一位百分之十行動家，吸取了眾多百分之十創業家學到的寶貴經驗：無論你是想踏上新的冒險之旅、創業或改變世界，你可以不必完全投入，而是利用部分的時間投注全副的心力就好。這個策略讓你可以控制FOMO、挑戰自我對於可能性的認知、擁有風險帶來的價值，但又不會急遽改變人生的其他部分或者危及財務。

採取「利用部分時間投注全副心力」的策略來達成目標或探索熱情

在二〇一六年，英國收視率最佳的十集電視節目，有九集都是來自《大英烘焙競賽》（Great British Bake Off）。《大英烘焙競賽》是一個實境節目，紀錄了英國最頂尖的業餘烘焙師傅在鄉村地區的帳篷內烘焙各種點心的實況。他們會連續兩天完成各種挑戰，像是烘烤二十四顆一模一樣的罌粟籽司康或是做一個多層結婚蛋糕。因為是英國人嘛，每個人都非常客氣有禮、很愛批評自己的手藝，而且不管情況有多糟，總是努力維持硬漢姿態。就連整場競賽的優勝者所獲得的獎品也呈現出英國人典型的保守低調：一個蛋糕台和一些鮮花。

這個節目在英國大受歡迎，後來更紅到全世界。它之所以吸引觀眾，有一部分原因就是英國人的彬彬有禮性格。在一個令人難以招架的複雜世界，看著人們為了義大利脆餅應該烘烤多久而苦惱，只希望能贏得一個蛋糕台，竟然使人如此舒心。我自己其實不喜歡烘焙，但是《大英烘焙競賽》在我寫這本書時，的確陪我度過不少寫作難關。然而，除了療癒效果之外，實現願望也是這個節目吸引人的地方。我們每個人都有一些很想轉換成正職的嗜好，也都有不為人知的天分，只要好好培養，就有可能變成一份職業。我們很多人也確實會去上上烹飪課或花個五千美元來探索這些熱情，可是涉及的風險都太低了。所以《大英烘焙競賽》才很特別。官方獎品雖然很不怎麼樣，但是其中涉及的風險卻很高。每星期都有數百萬名觀眾在看這個節目，而最頂尖的選手或許就能利用這份名氣開啟兼職、甚至是全職的烘焙事業（過去的參賽者很多都這麼做）。他們就跟兼職創業家或行動家一樣，擁有風險及其具備的價值。

兼職性質的創業和行動主義很適合用來探索職場或個人的目標，同時解決

FOMO，但你也可以把這個心態應用在更廣泛的領域，甚至是烘焙！很多人都想搬到巴黎住個幾年、學好法文，但這對大部分的人來說是不切實際的。所以，你可以有意識地進行多工，藉此學習法文。很多人學語言是透過社區課程或線上自學，這樣做是很好的開始，但你也可以找到其他「利用部分時間投注全副心力」的方法，盡可能讓自己沉浸在該語言的環境。例如，你可以每天收聽法語新聞、追蹤法國報紙的推特，用這個方法看新聞，或者尋找法語母語者，跟他們練習口說。

這些做法之所以有用，根本要素就在於它們很容易持續，而這也是使用漸增方式成就任何事的關鍵所在。維持這些習慣感覺一點也不難，你沒有做出重大的犧牲，因為你只是把熱情融入日常生活，新習慣與舊生活完美結合，而且非常實用。你也可以更上一層樓，讓自己擁有風險——或者說是目的，願意繼續進步。比方說，你可以到法語國家度假，在公司參與會使用到法語的任務。不管你選擇哪一種方式，你的努力都會把成效滲入人生的其他層面。知道自己得為了超越個人的利益來測試新習得的技能，你就會在過程中挑戰自我，甚至讓自己大吃一驚。

無論你是對烹飪、學習語言、健身、創業或社會事業有興趣，你都可以把多種活動結合在生活中、駕馭自己的FOMO，同時不必擔心行程被打亂，或者必須犧牲手上正在進行的其他事情。透過「利用部分時間投注全副心力」的方式來從事這些嗜好，你不僅可以永續地摸索自己的熱情和興趣，也能獲得成功和自我實現。同一時間，你可以開始設立更高的目標、創造風險，讓自己有機會慢慢投資更多，並且得到更多報酬。

給自己放長假

迷你人生和兼職活動對大部分的人而言雖然很棒，但是你會發現，到了人生某個階段，你有放長假、長時間離開工作崗位的彈性。這麼做可以讓你改變一成不變的行程，有數週、甚至數個月的時間可以遠離單調的日常生活。雖然許多公司都提供員工放長假的機會，但有時候這不是你自己選的，而是因為你丟了工作、任期到了，或是因為其他原因被迫處於過渡期。

如果你得到遣散費或失業津貼，或許可以化困境為良機，使用別人的錢來資助自己的長假。要使長假變得可行，關鍵就是要先問問自己以下這個根本問題：你是否擁有經濟和情感方面的資源，能讓這趟旅程值回票價？答案若是肯定的，放長假就可以讓你在進入人生的下一階段前稍作喘息。

下定決心要放長假之後，接下來你必須決定如何安排時間。一不小心，你很容易就會發現自己有一部分或甚至全部的時間都穿著睡衣或健身服裝，每天都在做一些瑣碎的事。對某些人而言，這樣就夠了。過了幾個月的失業樂活人生後，他們被太陽曬得黝黑、健身有成，已經準備好展開新工作的第一天。這不能怪他們。每天照鏡子時，看見鏡子裡的自己獲得充分休息、變得很健康，這種感覺挺好的。你成為朋友稱羨的對象，也嘗到了跟希臘購物大亨之子或擁有土地的德國公爵之女一樣有錢又有閒的滋味。當然，諷刺的是，像其他事物一樣，當個有錢有閒的人可能會有膩了的一天。整天坐在咖啡廳看報紙、天天跑步跑個不停、每晚都凌晨三點才回家，這樣的日子你能過多久？

在理想狀態下，長假應該用來完成兩個較高層次的目標：第一，這應該是休養生息的時候，把之前所累積的壓力、創傷和恐懼一掃而空，恢復人生的秩序與平衡。遠離固有的例行公事之後，你會漸漸找回被長時間的工作、多次的失敗以及職場面臨的種種失望所消滅的那種人生充滿可能性的感覺和冒險精神。第二，這段期間應該要能指引你為自己的人生做出好的、持久的轉變。到了某個時候，你一定會找到新工作，一定得重返職場，無論是在私人或專業的領域裡，一定會有新的成敗經歷。追隨自己的FOMO，嘗試一些你一直很想體驗的東西，可以給你很多經驗，讓人生的下一場冒險變得更加豐富。

威爾・沃夫（Will Wolf）決定聽從FOMO，放一個長假，最後不僅使他的履歷升級，也讓他順利進入職涯的下一個階段。兩年前，威爾在出社會當了幾年的資料科學家之後，決定提升自己的專業技能。他想在機器學習這個領域培養另一項專長。機器學習屬於電腦科學，讓電腦即使沒有受到明確的程式指令，也能夠學習，過去十年來被應用於自駕車、實用的語音辨識、良好的搜尋引擎建議以及獲得大幅改善的詐騙偵測。威爾相信，只要提升自己對該領域的知識，他就可以成為讓電腦解決世界上重大問題的科技專家之一。

要達成這個目標，下一步自然會想到研究所，但是在採取這條可預測的途徑之前，威爾卻問自己是否應該考慮其他選項。攻讀研究所必須投入數年的時間和至少八萬美元的費用。此外，機器學習的領域日新月異，他擔心大學環境所能提供的課程無法跟上就業市場的腳步。因此，他決定破釜沉舟，給自己放個長假。威爾把這個方法稱作開源機器學習大師計畫，用一年時間選擇自我教育的方向，潛心鑽研機器學習。

要實施這項計畫，只需要有網路就可以了，因為他需要的一切資源——線上課程、教科書、學術研究、開源軟體素材——都能在網路上免費或低價取得。除此之外，他不只想成為科技專家，還決定好好學法文，於是便動身前往摩洛哥的卡薩布蘭卡。在那裡，他沉浸於法語環境之中，同時接觸當地的新創社群，大大降低生活開銷。

威爾的實驗奏效了。他讓自己的法文變得十分流利，還在卡薩布蘭卡的創業社群中認識了一群朋友，而花費的金錢不到研究所學位所需支出的百分之二十。此外，他回到職場之時，也處於比以往更有利的位置。多虧他在機器學習界所認識的人脈，以及他在長假期間撰寫的十五篇科技部落格文章，當他一決定重返職場時，便收到排山倒海而來的面試機會。雖然他沒有正式的研究所學位，面試官卻對他認真的學習態度、優秀的科技能力以及成就某件事的創新方式大為嘉許。最後，他到一間人工智慧公司上班，是他放長假之前不可能有辦法得到的職位。他的薪水大幅成長，讓他的放長假決定完全值回票價。

不再畏懼失敗

威爾、丹、涅曼關達三姊妹以及佛羅倫西亞一家人，都是把FOMO變成好事的實例。他們傾聽FOMO的心聲，找到方法將未曾探索過的熱情和計畫融入自己的人生。最重要的是，他們並沒有危及生命中已經發生的美好事物。這就是擁有一定程度FOMO的好處。只要知道怎麼運用它，就能成就很多好事。你可以重新拾回多年前沒有接觸的熱情和興趣。小時候，嗜好和興趣很可能是你生活中很重要的一部分。你甚至不會特別在意自己是否擅長這些東西，因為你只是因為喜歡而去做。但是，隨著時間過去，你開始忙碌，甚至有點疲憊，並且嘗過失敗的滋味。這些因素加起來，使你不敢嘗試新事物、接受風險。

迪亞哥・岡札雷斯（Diego Gonzalez）是一個住在紐約的十二歲男孩。他白天是學生，晚上和週末則是一名百分之十創業家。他非常優秀、無所畏懼，參加過多次黑客松，身邊的競爭對手常常是大人。他甚至贏過幾個獎項，包括一個免費的工作空間。所以，我只認識這麼一個在紐約蘇豪區擁有辦公室的十二歲男孩。如果你問他是怎麼控制對於失敗的恐懼的，他的答案會讓你把眼光放遠：「我是一個小孩，所以我不怎麼害怕失敗，因為如果真的出了什麼差錯，我還是可以回家，吃幾球冰淇淋，再次恢復正常生活。」這就是兼職從事某個活動的好處。即使你不是小孩，你還是可以擁有跟迪亞哥一樣的心態。即使失敗，人生的其他層面還是好好地等著你。想要的話，你也可以來幾球冰淇淋。失敗帶來的壞處就只有這麼多，但是成功帶來的好處卻是永無止盡。

現在，你知道如何利用FOMO為你帶來好事，便可以準備學習處理恐懼症的最後一招了：學著應付他人的恐懼症。克服自己人生中的一大阻礙後，還給忍受身邊的人也有同樣的狀況，是一件很令人挫敗的事。幸好，你不必忍受別人的恐懼症。你可以運用目前為止學到的一切讓他人的恐懼症失去效力——至少，不要在你身上造成影響。這是你對抗恐懼症的最後一場戰役，現在你明白它們的根本運作機制，就有機會獲勝。在下一章，你會學到如何管理他人的恐懼症，甚至讓他們的恐懼症為你所用。

第十四章

恐懼遊戲：對付他人的FOMO與FOBO

「你不能控制發生在自己身上的一切，但你可以選擇不被這些事打敗。」

——馬雅・安傑洛（Maya Angelou）

山姆・尚克（Sam Shank）剛開始創立HotelTonight的時候，他知道自己必須獨樹一幟，才能在這個極為擁擠的產業中創造競爭力。打從第一天，他就立下自己的宗旨「少規劃，多生活」，把目標放在千禧世代這個常常移動、十分隨興、注意力短暫的族群。為了達到這個目標，他刻意避開讓大部分的線上旅遊業者像同一個模子印出來的傳統做法。他沒有創建一個網站，給消費者一大堆選擇，而是只開發了一款app，每晚只提供十五間符合顧客需求的旅館。最重要的或許是，他設計了無障礙的使用者體驗，在HotelTonight的app上，你只需要花八秒鐘的時間點按三下，就能訂好房間。跟第六章提到的拉斯維加斯機票訂購流程相比，你就能明白尚克為什麼有辦法募集超過一億美元的創投資金，並在二〇一九年把公司賣給Airbnb。

尚克表示，HotelTonight之所以能輕易取得成功，大部分都要歸功於簡潔的使用者介面。app讓消費者從有限的選項當中做選擇，使他們不會在一個選擇過於豐富的環境中感到無力招架。換個方式說，就是他們得以克服FOBO。當然，如果你曾走進一家喬式超市（譯註：TraderJoe's為一家美國連鎖超市品牌，販售的商品數量大約只有其他超市的十分之一，並且十分注重環保。），就會知道刻意限縮消費者的選擇並不是什麼新概念。賈伯斯常常說，一張桌子就能放得下Apple所有的產品。雖然事實已不再是如此，但諸如寢具品牌Casper、花店Farmgirl Flowers和刮鬍刀品牌Harry's等新創公司，都繼承了Apple的衣缽。對一些公司而言，削弱噪音是他們主張的產品核心價值。

HotelTonight的介面設計和商業模式雖有助於對抗FOBO，但這間公司也發覺，想要說服更多千禧世代，讓他們不再無止盡地瀏覽，而是實際做出決定，這樣是不夠的。在二〇一八年，HotelTonight推出一項就是為了消弭FOBO的新功能，利用其天敵FOMO來對付它。HotelTonight選擇以牙還牙的方式，每日提供Daily Drop，為顧客量身訂做僅競爭對手售價百分之三十五的優惠折扣。聽起來超棒，對不對？但是重點來了，你只有十五分鐘的時間可以下訂。優惠時間極為短暫，所以你如果不在指定時間內行動，就會永遠失去機會。FOBO，跟FOMO過招吧。這就是贏得恐懼遊戲的方法。

每日學會一個新的縮寫字！@HotelTonight的新功能要獎勵果決的你、治好「FOBO」。https://quartzy.qz.com/1344485/ via @qz @rojospinks

下午3:04・二〇一八年七月三十一日

推出Daily Drop時，HotelTonight在社群網站的廣告中直接點明宗旨，甚至還說這個功能可以治好FOBO。這種行銷手法雖然很聰明，但是真正能夠說明是什麼在驅使消費者行為的，卻是數據。只要看看實際數字，就會發現FOMO徹底擊敗了FOBO。消費者解鎖優惠之後，訂單立刻大增，而在優惠永久消失前的最後十秒鐘，又出現了另一次訂房高峰。此外，有超過半數的使用者在解鎖Daily Drop後，隔週又會再回來解鎖一次，完全不會膩。

當他人的恐懼症變成你的困擾

老是不接電話的潛在客戶；不願確定升遷時程的上司；不願肯定答覆是否接受這份工作的應徵者；除非你承諾會接下工作，否則就不討論更多福利的公司……我們處處可見FOMO與FOBO，而當這些恐懼症對你不利時，那種感覺真的很差。

現在，你有辦法管理自己的FOMO和FOBO，便可以利用所學管理它人的恐懼症。當你卡在談判之中，當權力、名聲和自尊有可能受到威脅時，你很容易會看見人最赤裸裸的自私面。換句話說，他們會對你展現自己的恐懼症。只要勤加練習，你就能把這視為一個大好機會，學會好好利用這些行為。每當有人做出金髮女孩的行為，而你就是那三隻熊，你就可以隨心所欲操控他。

如果你想看看恐懼症在現實世界所上演的戲碼，只要跟一位正在尋求資金創業的創業家多多相處就可以了。創業投資客貝絲・費雷拉（Beth Ferreira）多年前曾告訴我一句話：「募資跟金錢無關，而是跟權力有關。」創始人大力推銷自己的想法，描繪出一幅有利可圖的光明未來，接著等待回應。如果他們做得很好，說的故事非常有說服力，就能引起FOMO。他們運用了Theranos的伊莉莎白・福爾摩斯用來帶動群眾的同一組工具，也就是社會證據、稀缺性價值和貪婪，並且希望自己得到的結果可以跟福爾摩斯的下場截然不同。

另一方面，投資者看了無數創始人的推銷廣告，必須把錢留給最好的那些。如果什麼都投資，他們只會把資金放入很爛的公司，損失一大筆錢，沒多久就會破產。因此，投資者總是有無窮無盡的問題，並要求看到各種數據。如果你是新創公司的創始人，幾乎每一場會議都會聽到潛在投資者說出同一句FOBO老話：「我想多觀察幾個月的成果再做決定。」三個月後回報進展時，你很有可能又會聽到這句話。這是投資者維持選擇權價值的經典台詞。他們會一直要求更多的數據。當然，如果他們想要有任何成功的機會，就必須要克服自己的FOBO，利用你在第十一章學到的嚴謹決策過程來做決定。

假設雙方都有意願達成協議。這時，所有人不是都應該克服恐懼了嗎？實則不然。假設坐在談判桌的那些人不像你，沒有讀過這本書，所以還是繼續被恐懼所綁架。在最後一輪談判中，投資者又感受到新一波的FOBO，試圖建立最理想的協議。同時，資深的企業家知道，在錢匯入銀行戶頭以前，投資者永遠都有可能繼續無止盡地談判，甚至轉身離開。此時，這家公司試圖創造另一波FOMO，像是刻意讓兩個投資者互相競爭，希望藉此盡快達成協議。有一個很聰明的招數常常被用來對付我（是的，我承認我有時還是會有猶豫不決的時候），那就是該公司提出一個很棒的提議，但是會在指定時間撤消。比方說，如果在月底之前投資，股份的價碼為x，但是如果在那之後才投資，價格就會提高百分之二十。用過這招的企業家告訴我，他們總會在截止日最後一天看見大量資金湧入戶頭。這就跟Daily Drop一樣。

看完上面這幾段文字，你心裡可能在想：「謝天謝地我不是做那一行的，真是一群天殺的恐懼症患者！」但是，不管你喜不喜歡，大多數的商業互動都跟這有異曲同工之妙。每當你試圖販售某樣東西，你都會想要創造FOMO；每當你在眾多選項之中做選擇，或者想得到更物超所值的優惠時，都很容易落入FOBO的陷阱。諷刺的是，就連寫一本跟FOMO和FOBO有關的書，過程中也充斥這兩種恐懼症。身為作者的我，必須引起經紀人和出版商的FOMO，讓他們願意成交。同時，我聽過不只一位得到FOBO的經紀人這麼說：「你真的很棒，我也真的很想簽你，但是我今天還沒辦法做決定，所以請你跟別人簽約之前一定要再回來找我。」

讓FOMO人和FOBO人和平繳械

你可以發現，如果你覺得應付自己的恐懼症已經很難了，必須應付他人的問題就更不簡單了。提出「受傷的治療者」這個概念的榮格一針見血地說：「精神病學家將人生出現問題的歸為神經過敏類型，將使他人痛苦的歸為精神病態類型。」

面對他人的FOMO和FOBO時，兩種狀況有很明顯的差異。老實說，別人有FOMO真的不是你的問題。倘若FOMO人選擇把時間和精力用來追逐他們不想錯過的一切事物，那你最好是敬而遠之。你甚至可以考慮把他們的熱情拿來為己所用。這個人絕對會在下一次漸凍人協會舉辦冰桶挑戰時，第一個回應你所上傳的影片。如果你想跟他們推銷什麼東西，或是叫他們呼應什麼行動，你也可以利用第六章列出的一些訣竅來達成目的。你可以透過這種方式讓別人把注意力放在你認為重要的事情上，即使那個人什麼都想參與。當然，如果你覺得這個人的FOMO殺傷力太強，你也可以跟他們分享本書提及的策略，幫助他們走上自我覺察與復原的道路。

然而，群眾型FOMO的狀況就不一樣了，像是金融市場常會出現的那些人。在這種情況下，你完全沒有義務拯救任何人，因為這是不實際的做法，但是你有可能從中獲利。當你看見大家都在追逐一項很不合理的投資，你不見得只能坐在一旁，不可置信地搖搖頭。你可以往反方向跑。很多投資者都曾經把賭注放在跟群眾的信念相反的事物上，結果因此發了大財。他們看到某個價值過高的資產，像是價格過高的股票，於是決定賣空。雖然這種賭注自然會帶來風險，但是如果你有做好功課，堅信自己是對的，而所有的FOMO人都是錯的，那麼你就可以反向操作。如果你知道自己在做什麼，就有可能獲得龐大的利益。如果你不相信我，可以去看看《大賣空》這本書。

要不要捲入別人的FOMO完全是自己的決定，但若遇到他人的FOBO，問題可就大了。他們兩面下注、躊躇不前、追求完美的性格，會對身邊所有的人——包括你在內——造成重大的損失。無論你賠上的是時間、金錢或信心，你都不該因為他們缺乏信念而遭拖累。這令人備感壓力、覺得惱怒，還會浪費很多時間。人生苦短，我們都不應該處理別人的包袱。面對這種人，有兩個辦法：你可以跟他們切斷關係，或是使他們的FOBO發揮不了作用。

首先，你可以完全不去理會他們。擁有FOBO的人不可信賴，他們使你的人生變得更艱難，而且當你也需要他們的時候，他們不會出現。決定現在就切斷連結，不要日後親身經歷那種痛苦，是很合理的做法。你不需要跟對方攤牌，造成雙方衝突。最好的方法是慢慢退出，接受在沒有經歷重大領悟的狀況下，你可能永遠也無法改變他們的行為。繼續這樣下去，你只是在浪費時間和精力，跟他們交手時還得忍受許多負能量。如果慢慢脫身，事情說不定不會出現問題。他們深陷在自己的FOBO之中，不會發現你已經離開。你也不會懷念他們的自戀心理、永無止盡的計畫變更以及對你的不尊重。

如果切斷聯繫不可行，或者你真的很希望跟對方好好相處，那麼第二個選擇就是幫助他們解決FOBO。這在理論上雖然做得到，卻需要你完全的誠實。看到對方出現FOBO傾向，你就必須點出來，設下清楚的決策條款，要求雙方的關係開誠布公，並隨時警惕FOBO再次現身。此外，面對自己的FOBO時，你必須要嚴厲對待，不能只是單純譴責而已。如果自己也會犯同樣的錯，要糾正別人就會很困難。

認出對方的「FOBO拐杖」，是真正幫助他們克服FOBO的方法之一。我所謂的FOBO拐杖，指的是一個人用來合理化自己行為的萬用藉口。最常聽到的萬年名句包括：「我得工作」、「小孩很容易哭鬧」，還有「我得遛狗」。有時候這些可能是真的，但是只要稍加留意，就會發現FOBO人總是依賴同樣的拐杖來合理化自己的行動。如果你想幫助他人打破這個循環，可以直擊問題所在。問問他們打算怎麼解決工作、小孩或狗的問題，要他們給你一個答案。這樣一來，你就等於是拿走了他們的拐杖，要他們靠自己的雙腳行走。

面對他人的FOBO時，務必遵守一條最高原則，才能保住自己的理智：讓他們別無選擇。為了解決這種行為的根本源頭，你絕對不能讓他們處在選擇豐富的環境之中。反之，你要拋棄其他選項，讓他們在跟你互動時面臨稀缺性。要達到這個目標，你應該事前做好一切安排，把所有的計畫或決定付諸文字。你也應該自私一點，為自己著想。無論是什麼情況，都不要安排你自己一個人做不到的計畫。你也可以給他們非常明確的選項，創造自己的Daily Drop，讓他們不得不立即回應，這樣你就不用枯等他們下定決心。只要按照這個方法，FOBO人臨時取消約定、試圖更改原訂計畫或是不願意給一個明確的答案時，你就不會再感到生氣或失望。你已經擬定好計畫，而且能夠堅持到底。

如果你在商業方面遇見擁有FOBO的人，你可以學學我的針灸師父理查・巴蘭（Richard Baran）消弭客戶FOBO的做法。在紐約這種人們常常下意識做出人間蒸發、臨時毀約、更改行程等行為的地方，他有辦法做到這點，還蠻驚人的。理查的祕訣很簡單，但也非常有效：要是你臨時毀約，你就很難再預約得到針灸日期了。他是一個非常成功、人人搶著預約的專業針灸師父，並不缺客戶，所以他不需要面對不懂得尊重與規則的人。這樣做雖然有點嚴苛，但卻很有效。身為他的客戶，我現在明白尊重他的時間對他來說有多重要。每當我介紹新的客戶給理查，我都會先向對方說明，要他處理客戶的FOBO是會有後果的。他絕對不會故意為了讓你很痛拿針亂刺，但他會做出更可怕的事：他完全不會拿針刺你，因為他不會讓你預約。

直擊他人的FOBO雖然有用，但是這樣做也有可能帶來不好的結果。首先，假使所有可能的選項、特別是你提出的唯一選擇，都不吸引對方，無論你多努力慫恿、施壓、不願妥協，都沒辦法解決一個根本問題：猶豫不決雖然帶有負面意涵，卻還是比選擇一件錯誤、糟糕或具有嚴重影響的東西來得好。第二，如果沒有掌控好你的運作環境，你就有可能失去對決策過程的控制，連帶失去自己形塑這個過程的能力。

德蕾莎・梅伊盡了一切努力要讓英國議會放下FOBO，投脫歐一票。本章列出的一些策略她也有用到：第一，她把所有的選項刪減到只剩下一個核心計畫，並試圖將這個計畫推銷給全國民眾；第二，她等到最後一刻，盡可能在原始期限快到來之前，要求來一場投票，決定是否同意她的計畫。她的Daily Drop策略對立法者施加極大的壓力，企圖逼他們投票贊成她的計畫，以免英國在沒有達成任何協議的狀況下脫歐。然而，即便她做出這麼多努力，她還是一次又一次在投票結果中失利，自己的黨派又發生叛亂，最後使她只得低聲下氣地多次到歐盟高峰會請求延期。她犯了什麼錯？她忘記了要從多個可接受的選項中做選擇時，就會出現FOBO。沒有這些選項，才可能治癒FOBO。可惜，隨著時間一點一滴流逝，期限越來越近，還是沒有共識出現。結果，可接受的選項迅速減少，整件事從選出一個合理的選擇，變成損害控制以及什麼都不敢做的恐懼症。

不管你的FOMO或FOBO有多麼嚴重，或者應付他人的FOMO或FOBO有多麼討厭，你都要記住一件事：擁有恐懼症，就表示你擁有選擇。這些選擇或許會造成你的壓力或使你感到困惑，但是無論如何，它們還是選擇。在後記中，你會發現當部分或全部的選擇突然消失時，你才知道自己一直把選擇視為理所當然。

後記

能夠擁有選擇是很幸運的事情

「牢記我隨時都會死的這個事實，是幫助我做出人生重大抉擇最重要的工具。」

——史蒂芬・賈伯斯

天氣又熱又乾。我們開到臨時營地，發現這裡跟貝卡谷地的小村落竟完美地融合在一起，毫無違和感。那是二〇一七年的夏天，我來到貝魯特參加一場會議。我一直有在追蹤敘利亞的內戰問題，越來越替這個國家感到憂心，也對內戰引起的難民危機深感不安。我想看看有沒有辦法親眼目擊這齣仍在上演的悲劇，因此問了救援組織的友人，能否安排我造訪黎巴嫩東部出現的幾個敘利亞難民營。我其實有點猶豫，因為有人警告我，難民營可能會有真主黨的蹤跡，但是我相信我的導遊——一位黎巴嫩研究生和一位在當地非營利組織工作的巴勒斯坦人——會好好照顧我。

法立德（Farid）是我們在營地的東道主，他是一位來自阿勒坡的律師，在這裡經營一間小便利商店，是這個社區實際的領袖（shawish）。令我吃驚的是，當地的狀況比我預期的還要好，或至少表面上是如此。帳篷的外觀很簡單，但是裡面大體上都很整齊，甚至令人愉悅。這些所謂的「家」有很多住著曾經屬於中產階級的人，過去在敘利亞都住在公寓或房子裡。雖然他們幾乎失去了一切，卻仍依靠手上還有的東西過活。人類什麼都有辦法適應的能力真的很驚人。

我們挨家挨戶拜訪營地的難民家庭，他們總是會拿一些吃的或喝的給我，像是咖啡、芬達、西瓜或口香糖。在跟他們對話的過程中，我發覺事情不如表面上那樣有秩序。這些家庭大多數已成為難民五年以上，缺乏令人安心的保護措施。他們個個都是那麼脆弱無助。我拜訪了一個患有白血病的三歲孩童，他唯一的治療管道就是無國界醫生。隔了幾間房子，我又遇到一個在工地工作時摔傷脊髓的男子。他躺在酷熱的室內，三個小孩圍繞在他身邊，他的妻子則告訴我他沒辦法工作了，所以她得想辦法繳納帳單。

這些故事有一個共同的主題：他們每個人的生命都被凍結在光陰的長河

裡，除非他們能夠找到方法逃到另一個國家或返回家鄉，否則時間不會為他們流動。他們只談過去和現在，從沒有人談到未來。談未來有什麼用？唯一一個公開透露心願，希望明天會更美好的，是一個名叫穆罕默德的少年。他一邊躺在地板上，一邊玩智慧型手機，媽媽和姊妹都在身旁。他害羞但充滿熱情地說，他的夢想是成為程式設計師。我心中湧現一絲希望，但是後來法立德告訴我，穆罕默德已經很多年沒有固定上學了。他的家庭需要他付出全部的時間在農田裡收割作物。他跟營地裡的其他人一樣，別無選擇。

那天晚上回到有空調的飯店房間後，我睡了幾個小時。醒來時，我的所見所聞令我感覺內心疲憊不已，心情鬱悶。我盯著天花板，想起在商學院聽到的一句話。在學期的最後一天，每位教授都會對班上的同學說一段充滿智慧的話。有一位教授特別傳奇。首先，他點出地球人口已經快要突破七十億人。接著，他鼓勵大家好好感謝日常生活享受到的那些禮物，想想運氣和時勢如何發揮強大力量，塑造了我們的命運。在課堂的尾聲，他建議同學每次感到難過、憤怒或挫折時，永遠不要忘了一個簡單的事實：在最慘的日子，仍有數十億人會願意跟他們交換人生。

世界上有很大一部分的人永遠不需要擔心FOMO和FOBO。要擁有

FOBO，你必須先擁有選擇；要擁有FOMO，你必須知道自己錯過了什麼，並相信你有可能得到那些東西。FOMO和FOBO說到底，其實就是一種富有病。要得到這些恐懼症，首先你得相信自己的人生擁有選擇，只要在對的情況下，你就可以探索這些可能。顯然不是每一個人都如此。你不用親自到黎巴嫩，就會遇到人生中幾乎沒有或完全沒有選擇的人。你肯定有在自己的社區看過這些人，甚至你的親朋好友可能就是這樣。無論是因為疾病、貧窮、戰爭、迫害或缺乏機會，只要處於社會邊緣，你的人生就不會有選擇。

現在，拿這個殘酷的事實跟那些有權勢的少數人眼中的人生相比。這些人因為自己的成就、背景、乃至於成長的家庭，住在一個選擇極為豐富的環境中。不意外，這些人比社會上的其他人享有更多自由與優勢。這一直都是如此。如果你是國王或首領、公司的執行長或名人，你永遠是坐在人生的頭等艙，而其他人只能坐在廉價座位。當然，就算你不是一國元首或電影明星，也還是有機會享受到特權帶來的好處。如果你稍微小康一點，就有能力比收入普普的人獲得更多體驗或產品；假如你非常聰明又有企圖心，那你在職場上很容易就會獲得各式各樣的機會；假使你長得好看、個性迷人，在情場上就會有很多選擇。這些事情都沒有不好。一出生就含著銀湯匙，或者充分利用自己所有的一切，這些並沒有錯。

當然，最諷刺的是，雖然你手上握有許多優勢，你的下場還是有可能跟選擇稀少的那些人一樣。當你住在一個選擇優渥的環境，你也有可能因為自己的猶豫不決而凍結在時間的長河裡。差別就在於，擁有許多選擇的你是自找的。這雖然是你的環境造就的，但是如果你選擇不加以對抗，那問題就是出在你身上。難民營裡的任何人，如果做得到，一定會心甘情願接受這個狀況。他們的選擇一直在減少，但大多數人卻好像逐漸被選擇所淹沒。

在二〇一九年的夏天，我回到FOMO的故鄉。在校刊寫了有關FOMO的文章後，時光已經快轉了十五年，我又回到哈佛商學院的校園參加春季同學會。那個週末非常充實，塞滿了各種演講、派對和朋友，使我立刻想起自己當初為什麼會寫下那篇文章。我已經很多年沒感受到這麼強大的FOMO，而我許多同學也都一樣。差別在於，這次我可以積極地對抗它了。我知道FOMO只會使我分心、奪走我的注意力、浪費我回到校園的寶貴時間，因此選擇專注與堅定。我有沒有錯過什麼事？或許吧，但是我已經比較能接受自己不可能什麼都做到的這個事實，所以我連試也沒試。這就是我做的決定，而且我十分果決。

在你面臨的眾多抉擇之中，最重要的決定或許就是學著果決。在克服恐懼症的過程中，你若能夠下定決心變得果決，你就會發現有一件神奇的事發生了。你會成功逃離腦袋裡的那個聲音，不再聽它的話繞著圈圈跑，而是設定好路線，往那個方向走。接著，你會開始想到別人，用「我們」取代「我」。你也不會再把世界當成一塊固定不變的披薩，糾結著該如何得到最大的那一片。當你帶著透澈的心行走於天地間，你會感激自己擁有這些選項，相信這個世界有很多令人滿足的事物。當壓力和躊躇消失了，這些選項就能帶來感恩。每個選項都是一個很棒的機會，能讓你為自己、家人、朋友和社會做出最好的決定。

記住，如果讓FOMO和FOBO限制住你的自由，生命不會等你。到了某個時候，不管你是誰、手上有多少選擇，你都不可能永遠活著，死後你也帶不走任何東西。光憑這個理由，你就該知道，時間是最重要的。不像那些因為戰爭、貧窮或疾病而沒有多少選項的數十億人，你有很多選擇可以去改變人生、果決生活。你可以順著夢想的輪廓和現實的需求，塑造自己的命運。你或許無法得到想要的一切，但光是知道自己有做到一切的力量，這就很強大了。這份力量是禮物。好好利用它吧，不要錯過了。

作者的話

保持聯繫

若要說還有什麼事會讓我產生FOMO的，那就是知道讀了這本書的人都有可能會有疑問、評語、意見或好的解決辦法可以與我分享。因此，我想邀請你到patrickmcginnis.com繼續這場對話。在這個網站，你可以找到最新的FOMO與FOBO參考資源，還有一本搭配本書使用的免費習作。我也很想收到你的訊息。你可以透過以下方式與我聯繫：

Instagram：@patrickjmcginnis

推特：@pjmcginnis

臉書：PatrickJMcGinnis

信箱：letsconnect@patrickmcginnis.com

LinkedIn：linkedin.com/in/patrick-mcginnis

最後，我想邀請你一起收聽《FOMO人》（FOMO Sapiens）這個播客（podcast）。在節目裡，你會聽到商界、政壇和文化圈的領導者分享自己如何在忙碌的生活中，從眾多機會和選項之中做出選擇。你可以到以下網址聆聽各集內容：patrickmcginnis.com/fomosapiens。

謝辭

寫完《不離職創業》後，我從沒想過要再寫另一本書，因為我完成不知道自己要寫什麼。後來，慢慢地、穩穩地，跟讀者、朋友、甚至是陌生人的互動，使我相信FOMO會是一個很棒的主題。我還記得心裡浮現「對，我要寫這本書！」的念頭時，我人在貝魯特參加奮進號的活動，拍了一張特別令人難忘的自拍。從那時起，我就沒有反悔過。這一切讓我學到什麼？有時候，世界會策劃給你很多很棒的點子，所以一定要耳朵張大注意聽！

假如我沒有主持《FOMO人》這個播客（podcast），這本書就不可能問世。

首先，我一定要感謝《哈佛商業評論》這個很棒的夥伴。我深深感激尼汀・諾里亞（Nitin Nohria）、阿迪・伊格內修斯（Adi Ignatius）與亞當・布克霍爾茲（Adam Buchholz），因為他們透過《哈佛商業評論》將《FOMO人》帶回哈佛商學院。當然，若非艾琳娜・巴布許基納（Irina Babushkina），這一切都不會發生！我也非常感謝廣告週（Advertising Week），特別是道格・

羅威（Doug Rowell）、理查・拉森（Richard Larsson）、艾莉西斯・卡爾多札（Alexis Cardoza）和蘭斯・皮勒史多夫（Lance Pillersdorf），因為在二〇一八年開播《FOMO人》時，他們都很支持我。

沒有節目上的那些來賓，《FOMO人》自然也不復存在，所以我要感謝萊恩・威廉斯（Ryan Williams）、莎莉・沃夫（Sally Wolf）、多利・克拉克（Dorie Clark）、尼爾・埃亞爾（Nir Eyal）、科・希（Khe Hy）、傑克・卡爾森（Jack Carlson）、吉兒・卡爾森（Jill Carlson）、薇琪・霍斯曼（Vicky Hausman）李時順（音譯，Sisun Lee）、克雷格・杜賓茨基（Craig Dubitsky）、凱特・伊伯勒・沃克（Kate Eberle Walker）、瑞普・樸睿思肯（Rip Pruisken）、馬可・德・里昂（Marco De Leon）、法娜・酷索米提斯（Vana Koutsomitis）、迪亞哥・岡札雷斯（Diego Gonzalez）、雪莉兒・安宏（Cheryl Einhorn）、楊安澤（Andrew Yang）、馬珊琳（Shan-Lyn Ma）、亞努・杜加爾（Anu Duggal）、提姆・赫雷拉（Tim Herrera）、埃格蘭蒂娜・齊格（Eglantina Zingg）、艾瑞克・溫德（Eric Wind）、賈恩卡洛・皮托可（Giancarlo Pitocco）、路克・胡登（Luke Holden）、嘉琳・伯納德（Galyn Bernard）、克莉絲汀娜・卡博內爾（Christina Carbonell）、王珍（音譯，Jen

Wong,）、馬特・斯坎倫（Matt Scanlon）、凱蒂・羅斯曼（Katie Rosman）、布朗遜・范・威克（Bronson van Wyck）、丹尼雅拉・巴盧－亞雷斯（Daniella Ballou-Aares）、傑米・梅茨爾（Jamie Metzl）、大衛・法根鮑醫生（Dr. David Fajgenbaum）、克莉絲汀娜・斯坦姆貝爾（Christina Stembel）、威爾・柯爾（Will Cole）、奧倫・克拉夫（Oren Klaff）、達里亞・隆・格里斯佩醫生（Dr. Darria Long Gillespie）、安娜絲塔夏・西博姆（Annastasia Seebohm）、安德魯・庫柏醫生（Dr. Andrew Kuper）、凱茜・海勒（Cathy Heller）、那思・亞辛（Nas Yassin）、梅若迪絲・戈登（Meredith Golden）與貝絲・費雷拉（Beth Ferreira）。

最後，我也要感謝在《FOMO人》的構思階段給我寶貴想法和意見的幾位朋友，包括傑瑞米・斯特賴希（Jeremy Streich）、拉辛・卡賓（Rasheen Carbin）、尼克・馬泰爾（Nick Martell）和傑克・克萊默（Jack Kramer）。

著書是一個耗時多年的過程，而我總是很驚訝，看似平凡的對話最後竟能成為重要點子的基礎，最終出現在書稿中。我將永遠感謝那些給予回饋、跟我一起腦力激盪、為本書提供靈感來源的那些人，包括：妮可・坎貝爾（Nicole Campbell）、阿茲・桑達吉（Aziz Sunderji）、艾瑞克・克羅爾（Eric

Kroll）、湯姆・鮑德溫（Tom Baldwin）、雅爾・梅拉梅德（Yael Melamed）、迪亞哥・薩耶茲—西爾（Diego Saez-Gil）、麥克・羅根（Michael Rogan）、彼得・雷曼（Peter Leiman）、亞瑞安娜・哈芬登（Arianna Huffington）、史考特・史丹福（Scott Stanford）、阿杰・奇修爾（Ajay Kishore）、崔斯坦・梅斯（Tristan Mace）、山姆・尚克（Sam Shank）、安德魯・華生（Andrew Watson）、理查・巴蘭（Richard Baran）、瑪莉安姆・馬力克・艾爾西卡菲（Mariam Malik Alsikafi）、查爾斯・蓋普（Charles Gepp）、克萊兒・馬威克（Claire Marwick）、蘇珊・席格（Susan Segal）、達里亞・隆・格里斯佩醫生、史蒂芬・彼特曼（Stephen Pittman）、喬・坦戈（Jo Tango）、梅根・柯蒂斯（Meghann Curtis）、佛羅倫西亞・希門尼斯—馬庫斯（Florencia Jimenez-Marcos）、澤維爾・岡札雷斯－桑弗利烏（Xavier Gonzalez-Sanfeliu）、辛西莉亞・岡札雷斯—希門尼斯（Cecilia Gonzalez-Jimenez）、威爾・沃夫（Will Wolf）、瑪蒂帕、梅西和瑪歐娜・涅曼關達三姊妹（the Nyamangwanda sisters – Matipa, Mercy, and Maona）、丹・布倫特羅（Dan Brendtro）和雷娜・布倫特羅（Raena Brendtro）。

我在紐約和墨西哥市撰寫這本書，最好的文字很多都是在咖啡廳完成的。我想謝謝墨西哥市的調飲車站（Blend Station）團隊以及紐約的叛逆咖啡（Rebel Coffee，特別是朱諾、安東尼和史提芬！），每次都讓我霸佔桌子好幾個小時，給我無窮的咖啡因。

寫作常常是孤獨的，但我總是覺得身邊圍繞著相信我的知音。我要謝謝幾位持續給我支持與啟發的真誠摯友：傑森・海姆（Jason Haim）、蘿拉・海姆（Laura Haim）、蜜雪兒・利維（Michele Levy）、約翰・里昂（John Leone）、丹・馬諦斯（Dan Mathis）、弗雷澤・辛普森（Fraser Simpson）、傑夫・古吉翁（Geoff Gougion）、凱西・古吉翁（Kathy Gougion）、湯瑪斯・古吉翁（Thomas Gougion）、艾琳・宏・艾德華茲（Irene Hong Edwards）、丹妮爾・霍特尼克（Danielle Hootnick）、史都華・歐德費爾德（Stewart Oldfield）、瑪麗・歐德費爾德（Mary Oldfield）、葛雷格・普拉塔（Greg Prata）、瑪格麗特・朱（音譯，Margaret Chu）、湯姆・克拉克（Tom Clark）、芬利・克拉克（Finley Clark）、米爾德麗德・袁（音譯，Mildred Yuan）、曾新（音譯，Xin Zeng）、尚蒂・達瓦卡蘭（Shanthi Divakaran）、妮可拉斯・杜勒羅伊（Nicolas Duleroy）、蘿拉・梅東（Laura Maydon）、尼哈爾・塞特（Nihar Sait）、布拉德・薩福特（Brad Saft）、薩瑪拉，奧謝

（Samara O' Shea）、蘇肯・沙阿（Suken Shah）、菲爾・曾（音譯，Phil Tseng）、吉列爾莫・西爾博曼（Guillermo Silberman）、The Wobbly H的所有團隊成員、黛博拉・斯帕爾（Debora Spar）、夏瓦・卡爾柏格（Chava Kallberg）、艾莉西亞・杜克利斯（Alicia Doukeris）、胡安・那法若－史德科斯（Juan Navarro-Staicos）、阿米爾・拿耶禮（Amir Nayeri）、阿里・拉什德（Ali Rashid）、傑夫・泰倫（Jeff Thelen）與班傑明・施本爾（Benjamin Spener）。

沒有Motion Ave的團隊，我做不到這些事，因此我要感謝：薩繆爾・克萊因（Samuel Klein）、亞歷山德拉・瓦斯奎茲（Alejandra Vasquez）、瑪麗亞・安潔莉卡・奎洛茲（Maria Angelica Quiroz）、芮貝卡・維岡德（Rebecca Wigandt）、亞歷珊卓・拉米瑞茲（Alexandra Ramirez）、埃德加・基倫（Edgar Guillen）與蘿莎娜・托洛（Rosana Toro）。我非常感謝你們所做的一切。蘇珊・莫斯科威茨（Suzanne Moskowitz），妳也是，妳的建議始終都非常有幫助。

我很感恩我的經紀人艾莉絲・馬泰爾（Alice Martell），她簡直堪比大自然的神奇力量，一直是我各種想法、能量、支持等的來源……而我也必須再次感謝尼克・馬泰爾介紹他的媽媽給我認識。真是了不起的一家人！

我也非常謝謝Sourcebooks的編輯梅格・吉朋斯（Meg Gibbons），從一開始就完全「很瞭」，在編輯過程中把這本書變得更好。Sourcebooks是最適合這本書的出版社，因為我跟Sourcebooks的團隊合作時，完全沒有感到FOMO！

當然，要不是班・史瑞欽格（Ben Schreckinger）在《波士頓》雜誌上寫了有關FOMO起源的那篇扭轉命運的文章，我現在根本不會在這裡。你的好奇心、你的寫作天賦以及你現在賜予我的友誼，使我永遠感恩。

還有，如果沒有就讀哈佛商學院，我也不會知道FOMO是什麼感覺。我要謝謝二〇〇四學年度的班級，當初給了我FOMO和FOBO。

最後，我要謝謝我的哥哥麥可・麥金尼斯（Mike McGinnis），他構思了《FOMO人》的主題，是全世界最棒的哥哥。達娃洛斯・費榮（Davalois Fearon）和珮珀・艾瑞・麥金尼斯（Pepper Irie McGinnis），妳們也一樣。當然，爸（即「不知FOMO為何物者」）、媽（我的第一個編輯），沒有你們、你們的支持，還有你們幫助我們理解一切、保持穩定的超能力，我們今天都不會在這裡。

附錄

第一章

1 Kerry Miller, "Today's Students: Living Large," Bloomberg Businessweek, April 8,2007, https://www.bloomberg.com/news/articles/2007-04-08/todays-students-living-large.

2 Philip Delves Broughton, Ahead of the Curve: Two Years at Harvard Business School,(New York: Penguin Press, 2008), 64.

3 Blanca García Gardelegui, "Generación 'fomo,'" El País, June 24, 2018, https://elpais.com/elpais/2018/06/24/opinion/1529859093_682643.html.

4 Shikha Shaa, "Is FOMO Making You Paranoid?" The Times of India, January 11, 2013, https://timesofindia.indiatimes.com/life-style/relationships/love-sex/Is-FOMO-making-you-paranoid/articleshow/17730492.cms.

5 Valérie de Saint-Pierre,"Le fomo, nouvelle maladie du siècle?" Madame, Le Figaro, January 26, 2015, http://madame.lefigaro.fr/societe/gare-au-digital-bovarysme-160115–93797.

6 Sağlik Haberleri, "Hastalığın adı 'FOMO'! Siz de yakalanmış olabilirsiniz…"Sabah, January 10, 2019, https://www.sabah.com.tr/saglik/2019/01/10/fomoya-yakalanan-kisinin-tedavi-edilmesi-gerekiyor.

第二章

1 Nick Bilton, "Exclusive: The Leaked Fyre Festival Pitch Deck Is Beyond Parody,"Vanity Fair, May 1, 2017, https://www.vanityfair.com/news/2017/05/fyre-festival-pitch-deck.

2 Jaimie Seaton, "Millennials Are Attending Events in Droves Because of Fear of Missing Out," Skift.com, July 12, 2017, https://skift.com/2017/07/12/millennials-are-attending-events-in-droves-because-of-fear-of-missing-out/.

3 Fyre: The Greatest Party That Never Happened, directed by Chris Smith, Library Films, Vice Studios/Jerry Media, 2019, Netflix, https://www.netflix.com/title/81035279.

4 "Walmart Unveils Plans for Best Black Friday Yet," Walmart, November 8, 2018, https://news.walmart.com/2018/11/08/walmart-unveils-plans-for-best-black-friday-yet.

5 Phil Wahba, "Black Friday Fatigue? 174 Million Americans Disagree," Fortune,November 28, 2017, http://fortune.com/2017/11/28/black-friday-shopping/.

6 Daphne T. Hsu et al., "Response of the μ-opioid System to Social Rejection and Acceptance," Molecular Psychiatry 18 (August 2013): 1211–1217, https://doi.org/10.1038/mp.2013.96.

7 Harley Tamplin, "40 Kids Eat World's Hottest Pepper and End Up Needing Medical Treatment," Metro, September 5, 2016, https://metro.co.uk/2016/09/05/emergency-services-called-to-school-after-40-kids-eat-one-of-the-worlds-hottest-peppers-6109851/.

8 Ann Arens et al., "Esophageal Rupture After Ghost Pepper Ingestion," The Journal of Emergency Medicine 51, no. 6 (December 2016): e141–e143, https://doi.org/10.1016/j.jemermed.2016.05.061.

9 Jacqueline Howard, "Americans Devote More Than 10 Hours a Day to Screen Time, and Growing," CNN.com, July 29, 2016, http://www.cnn.com/2016/06/30/health/americans-screen-time-nielsen/index.html.

10 Mary Meeker, Internet Trends Report 2018, Kleiner Perkins, May 30, 2018, https://www.kleinerperkins.com/perspectives/internet-trends-report-2018.

11 Andrew Perrin and Jingjing Jiang, "About a Quarter of U.S. Adults Say They Are 'Almost Constantly' Online," Pew Research Center, March 14, 2018, http://www.pewresearch.org/fact-tank/2018/03/14/about-a-quarter-of-americans-report-going-online-almost-constantly/.

12 Asurion, "Americans Equate Smartphone Access to Food and Water in Terms of Life Priorities," August 6, 2018, https://www.asurion.com/about/press-releases/americans-equate-smartphone-access-to-food-and-water-in-terms-of-life-priorities/.

13 Samantha Murphy, "Report: 56% of Social Media Users Suffer from FOMO," Mashable.com, July 9, 2013, http://mashable.com/2013/07/09/fear-of-missing-out/.

14 Worldwide Social Network Users: eMarketer's Estimates and Forecast for 2016–2021, https://www.emarketer.com/Report/Worldwide-Social-Network-Users-eMarketers-Estimates-Forecast-20162021/2002081/.

15 Evan Asano, "How Much Time Do People Spend on Social Media?" SocialMediaToday.com, January 4, 2017, https://www.socialmediatoday.com/marketing/how-much-time-do-people-spend-social-media-infographic.
16 Derek Thompson, "How Airline Ticket Prices Fell 50% in 30 Years (and Why Nobody Noticed)," The Atlantic, February 28, 2013, https://www.theatlantic.com/business/archive/2013/02/how-airline-ticket-prices-fell-50-in-30-years-and-why-nobody-noticed/273506/.

第三章

1 The FOMO Factory, "Austin's First Selfie Experience Extends Run with New Installations and Overnight Camp," press release, October 10, 2018, https://static1.squarespace.com/static/5b022c2f31d4df352878a8ca/t/5bbe1ee0e5e5f0c3326aa58e/1539186401867/FOMO+FACTORY+-+EXTENSION.pdf.
2 "Fomo," Urbandictionary.com, submitted by Johnny FOMO on September 3, 2013, https://www.urbandictionary.com/define.php?term=fomo&page=4.
3 Katie Heaney, "'Frumbled' and Other Good Reasons to Make Up Words," The Cut, New York magazine, January 15, 2019, https://www.thecut.com/2019/01/this-study-on-russian-blues-broke-my-brain.html?utm_source=tw&utm_campaign=nym&utm_medium=s1.

4 Romeo Vitelli, "The FoMo Health Factor: Can Fear of Missing Out Cause Mental and Physical Health Problems?" Psychology Today, November 30, 2016, https://www.psychologytoday.com/blog/media-spotlight/201611/the-fomo-health-factor.

5 Vitelli, "The FoMo Health Factor."

6 Marina Milyavskaya et al., "Fear of Missing Out: Prevalence, Dynamics, and Consequences of Experiencing FOMO," Motivation and Emotion 42, no. 5 (October2018): 725–737, https://doi.org/10.1007/s11031-018-9683-5.

7 Maša Popovac and Lee Hadlington, "Exploring the Role of Egocentrism and Fear of Missing Out on Online Risk Behaviours among Adolescents in South Africa," International Journal of Adolescence and Youth (May 2019), https://doi.org/10.1080/02673843.2019.1617171.

8 Milyavskaya et al., "Fear of Missing Out: Prevalence…", p. 736.

9 "Study: Millennials Want Experiences More Than Anything," Eventbrite (blog), December 8, 2014, https://wphub.eventbrite.com/hub/uk/millennials-want-experiences-ds00/.

10 Andrew K. Przybylski et al., "Motivational, Emotional, and Behavioral Correlates of Fear of Missing Out," Computers in Human Behavior 29, no. 4 (July 2013): 1841–1848, p. 1847, https://doi.org/10.1016/j.chb.2013.02.014.

11 Przybylski et al., "Motivational, Emotional, and Behavioral Correlates …"

第四章

1 Tim Herrera, "How to Make Tough Decisions Easier," New York Times, June 4, 2018, https://www.nytimes.com/2018/06/04/smarter-living/how-to-finally-just-make-a-decision.html?module=inline.

第五章

1 Sylvia Plath, The Bell Jar (United Kingdom: Heinemann, 1963): 80.

2 Barry Schwartz, The Paradox of Choice: Why More Is Less (New York: Ecco, 2004): 77.

3 Schwartz, The Paradox of Choice, 78.

4 H. R. Markus and Barry Schwartz, "Does Choice Mean Freedom and Well-Being?"Journal of Consumer Research 37, no. 2 (2010): 344–355, https://works.swarthmore.edu/fac-psychology/5/.

5 David Brooks, "The Golden Age of Bailing," opinion, New York Times, July 7, 2017, https://www.nytimes.com/2017/07/07/opinion/the-golden-age-of-bailing.html.

第六章

1 Jennifer Pak, "FOMO in China Is a $7 Billion Industry," Marketplace, September 13, 2018, https://www.marketplace.org/2018/09/13/world/fomo-china-7-billion-industry.

2 Pak, "FOMO in China is a $7 Billion Industry."
3 Li Xiaolai, "From now on, Li Xiaolai will not do any project investment (whether it is a blockchain or not)," trans. by Google Translate, Weibo, September 30, 2018, https://www.weibo.com/1576218000/GBF5rzI2o?filter=hot&root_comment_id=0&type=comment.
4 "Market Capitalization: The Total USD Value of Bitcoin Supply in Circulation, as Calculated by the Daily Average Market Price Across Major Exchanges," Blockchain.com, accessed July 12, 2019, https://www.blockchain.com/en/charts/market-cap?timespan=all.
5 Alisa Wolfson, "How to Turn Your Pet into a Five-Figure Instagram Influencer," New York Post, July 10, 2018, https://nypost.com/2018/07/10/how-to-turn-your-pet-into-a-five-figure-instagram-influencer/.
6 Matthew Herper, "From $4.5 Billion to Nothing: Forbes Revises Estimated Net Worth of Theranos Founder Elizabeth Holmes," Forbes, June 21, 2016, https://www.forbes.com/sites/matthewherper/2016/06/01/from-4–5-billion-to-nothing-forbes-revises-estimated-net-worth-of-theranos-founder-elizabeth-holmes/#83526a536331.
7 Andrew Bary, "What's Wrong, Warren?" Barron's, December 27, 1999, https://www.barrons.com/articles/SB945992010127068546.
8 Bessemer Venture Partners, "Google," The Anti-Portfolio,accessed May 20, 2019, https://www.bvp.com/anti-portfolio/.
9 Bessemer Venture Partners, "Facebook," The Anti-Portfolio, accessed May 20, 2019, https://

www.bvp.com/anti-portfolio/.

第七章

1 Blair Decembrele, "Your Guide to Winning @Work: FOBO—The Fear of Better Options," LinkedIn (blog), October 5, 2018, https://blog.linkedin.com/2018/october/5/your-guide-to-winning-work-fobo-the-fear-of-better-options.

2 Matt Singer, "2018 Recruiter Nation Survey: The Tipping Point and the Next Chapter in Recruiting," Jobvite, November 8, 2018, https://www.jobvite.com/jobvite-news-and-reports/2018-recruiter-nation-report-tipping-point-and-the-next-chapter-in-recruiting/.

3 Patrick Gillespie, "Intuit: Gig Economy Is 34% of US Workforce," CNN.com, May24, 2017, https://money.cnn.com/2017/05/24/news/economy/gig-economy-intuit/index.html.

4 Audi AG, Annual Reports: 2018, March 14, 2019, p. 84, https://www.audi.com/en/company/investor-relations/reports-and-key-figures/annual-reports.html.

5 Audi AG, Annual Reports: 2018, p. 106. 6 Brad Berman, "Analysis Paralysis: Audi Offers Yet Another Electric Car Study," plugincars.com, November 22, 2011, https://www.plugincars.com/audi-all-electric-a3-e-tron-110332.html.

7 Gil Press, "6 Predictions for the $203 Billion Big Data Analytics Market," Forbes, January

20, 2017, https://www.forbes.com/sites/gilpress/2017/01/20/6-predictions-for-the-203-billion-big-data-analytics-market/#321bfa372083.

8 Bernard Marr, "Big Data: 20 Mind-Boggling Facts Everyone Must Read," Forbes, September 30, 2015, https://www.forbes.com/sites/bernardmarr/2015/09/30/big-data-20-mind-boggling-facts-everyone-must-read/#6b5c806717b1.

9 Quentin Hardy, "Gearing Up for the Cloud, AT&T Tells Its Workers: Adapt, or Else," New York Times, February 13, 2016, https://www.nytimes.com/2016/02/14/technology/gearing-up-for-the-cloud-att-tells-its-workers-adapt-or-else.html.

10 Capgemini Invent (@CapgeminiInvent), "Since 2000, 52% of companies in the Fortune 500 have either gone bankrupt, been acquired, or ceased to exist," Twitter, May 10, 2015, 6:25 p.m., https://twitter.com/capgeminiconsul/status/597573139057537025?lang=en.

11 Lori Ioannou, "A Decade to Mass Extinction Event in S&P 500," CNBC.com, June 5, 2014, https://www.cnbc.com/2014/06/04/15-years-to-extinction-sp-500-companies.html.

12 Ellen Barry and Benjamin Mueller, "'We're in the Last Hour': Democracy Itself Is on Trial in Brexit, Britons Say," New York Times, March 30, 2019, https://www.nytimes.com/2019/03/30/world/europe/uk-brexit-democracy-may.html.

第八章

1 Alfred Duning, "The Return of the Resolute," American Heritage 10, no. 5 (August 1959),

https://www.americanheritage.com/content/return-resolute.
2 Office of the Curator, The White House, "Treasures of the White House: Resolute Desk," The White House Historical Association, accessed May 20, 2019, https://www.whitehousehistory.org/photos/treasures-of-the-white-house-resolute-desk.

第九章

1 "Message of Pope Francis for the Twenty-Ninth World Youth Day 2014," January 21, 2014, http://w2.vatican.va/content/francesco/en/messages/youth/documents/papa-francesco_20140121_messaggio-giovani_2014.html.

第十章

1 Evan Andrews, "7 Unusual Ancient Medical Techniques," History.com, August 22, 2018, https://www.history.com/news/7-unusual-ancient-medical-techniques.

第十一章

1 Jeffrey Hughes and Abigail A. Scholer, "When Wanting the Best Goes Right or Wrong: Distinguishing Between Adaptive and Maladaptive Maximization," Personality and Social Psychology Bulletin 43, no. 4 (February 2017): 570–583, https://doi.

org/10.1177/0146167216689065.

2 Dan Silvestre, "The Life-Changing Magic of Tidying Up by Marie Kondo: Lessons," review of The Life-Changing Magic of Tidying Up by Marie Kondo, Medium.com, September 7, 2018, https://medium.com/@dsilvestre/the-life-changing-magic-of-tidying-up-by-marie-kondo-lessons-d33dc4db73c2.

第十二章

1 Luca Ventura, "World's Largest Companies 2018," Global Finance, November 30, 2018, https://www.gfmag.com/global-data/economic-data/largest-companies.

2 Sundar Pichai, "Keynote (Google I/O '18)" speech, Google Developers, video, streamed live on May 8, 2018, https://youtu.be/ogf Yd705cRs.

3 Nellie Bowles, "Silicon Valley Nannies Are Phone Police for Kids," The New York Times, October 26, 2018, https://www.nytimes.com/2018/10/26/style/silicon-valley-nannies.html.

4 Jared Gilmour, "'Addictive' Social Media Should Be Regulated Like Cigarettes, Tech CEO Says," Ledger-Enquirer, January 24, 2018, http://amp.ledger-enquirer.com/news/nation-world/national/article196429794.html.

5 Bartie Scott, "Why Meditation and Mindfulness Training Is One of the Best Industries for Starting a Business in 2017," Inc., March 1, 2017, https://www.inc.com/bartie-scott/best-

industries-2017-meditation-and-mindfulness-training.html.

6 University of Pennsylvania, "Social Media Use Increases Depression and Loneliness, Study Finds," ScienceDaily.com, November 8, 2018, www.sciencedaily.com/releases/2018/11/181108164316.htm.

7 Asurion, "Americans Equate Smartphone Access to Food and Water in Terms of Life Priorities," August 6, 2018, https://www.asurion.com/about/press-releases/americans-equate-smartphone-access-to-food-and-water-in-terms-of-life-priorities/.

8 Arnie Kozak, PhD, The Everything Buddhism Book, 2nd ed. (Avon, MA: Adams Media, 2011): 30.

9 Sundar Pichai, "Keynote (Google I/O '18)" speech, Google Developers, video, streamed live on May 8, 2018, https://youtu.be/ogf Yd705cRs.

10 Anil Dash, "JOMO!" Anile Dash (blog), July 19, 2012, https://anildash.com/2012/07/19/jomo/.

第十三章

1 Katherine Robinson, "Robert Frost: 'The Road Not Taken,'" Poetry Foundation, May 27, 2016, https://www.poetryfoundation.org/articles/89511/robert-frost-the-road-not-taken.

新商業周刊叢書　BO0320

錯失恐懼

從心理、人際、投資到求職，讓10億人深陷的焦慮陷阱

原文書名／Fear of Missing Out: Practical Decision-Making in a World of Overwhelming Choice
作　　者／派屈克・麥金尼斯（Patrick J. McGinnis）
譯　　者／羅亞琪
責任編輯／張智傑
企劃選書／黃鈺雯
版　　權／黃淑敏、翁靜如
行銷業務／王　瑜、黃崇華、林秀津、周佑潔

總　編　輯／陳美靜
總　經　理／彭之琬
事業群總經理／黃淑貞
發　行　人／何飛鵬
法律顧問／台英國際商務法律事務所 羅明通律師
出　　版／商周出版　台北市中山區民生東路二段141號9樓
電話：(02)2500-7008　傳真：(02)2500-7759
E-mail：bwp.service@cite.com.tw
發　　行／英屬蓋曼群島商家庭傳媒股份有限公司 城邦分公司
台北市104民生東路二段141號2樓
讀者服務專線：0800-020-299 24小時傳真服務：(02) 2517-0999
讀者服務信箱E-mail: cs@cite.com.tw
劃撥帳號：19833503 戶名：英屬蓋曼群島商家庭傳媒股份有限公司城邦分公司
訂購服務／書虫股份有限公司客服專線：(02) 2500-7718；2500-7719
服務時間：週一至週五上午09:30-12:00；下午13:30-17:00
24小時傳真專線：(02) 2500-1990；2500-1991
劃撥帳號：19863813 戶名：書虫股份有限公司
E-mail: service@readingclub.com.tw
香港發行所／城邦(香港)出版集團有限公司
香港灣仔駱克道193號東超商業中心1樓
電話：(825)2508-6231　傳真：(852)2578-9337
E-mail：hkcite@biznetvigator.com
馬新發行所／城邦(馬新)出版集團
Cite (M) Sdn Bhd
41, Jalan Radin Anum, Bandar Baru Sri Petaling, 57000 Kuala Lumpur, Malaysia.
電話：(603) 9057-8822 傳真：(603) 9057-6622 E-mail: cite@cite.com.my

封面設計／黃宏穎　美術編輯／劉依婷　印刷／韋懋實業有限公司
經銷商／聯合發行股份有限公司　電話：(02)2917-8022　傳真：(02) 2911-0053
地址：新北市231新店區寶橋路235巷6弄6號2樓

ISBN 978-986-477-892-8　
定價／370元

城邦讀書花園
www.cite.com.tw

2020年09月08日初版1刷

國家圖書館出版品預行編目(CIP)資料

錯失恐懼：從心理、人際、投資到求職，讓10億人深陷的焦慮陷阱/派屈克・麥金尼斯（Patrick J. McGinnis）著；羅亞琪譯. -- 初版. -- 臺北市：商周出版：家庭傳媒城邦分公司發行, 2020.09
面；　公分
譯自：Fear of Missing Out: Practical Decision-Making in a World of Overwhelming Choice
ISBN 978-986-477-892-8(平裝)

1.社會心理學　2.網路社群　3.網路使用行為

541.75　　109010820